쉽게 따는

2단계 7급 한자

■ 저자 | 장개충

• 저서:

「가나다 활용옥편」, 「新1800 상용한자」,

「正統 漢子敎本」 등 편저(혜원출판사)

「고사성어·숙어 대백과」 편저(명문당)

「2350 字源漢字」 편저(느낌이 있는책)

외 10여편.

• 현재, 좋은세상 출판기획사 대표

쉽게 따는
2단계 7급 한자

개정판 1쇄 발행 · 2010년 8월 27일
개정판 8쇄 발행 · 2025년 1월 20일

지은이 · 장개충   **감수** · 홍진복
편 집 · 김수정   **디자인** · 유정화
삽 화 · 김동문
펴낸이 · 김표연
펴낸곳 · (주)상서각
등 록 · 2015년 6월 10일 (제25100-2015-000051호)
주 소 · 경기도 고양시 일산동구 성현로 513번길 34
전 화 · (02) 387-1330
F A X · (02) 356-8828
이메일 · sang53535@naver.com
ISBN 978-89-7431-525-2(63710)

• 잘못된 책은 바꾸어 드립니다.

쉽게 따는

2단계 7급 한자

상서각

이 책을 보는 어린이와 학부모님께

한자 공부의 길잡이

먼 옛날부터 우리 조상들은 한자를 우리 문자로 받아들여 오랫동안 역사를 가꾸고 찬란한 문화를 꽃피워 문화 선진국으로 발돋움하게 되었습니다.

우리가 사용하는 일상용어의 70% 이상이 한자로 되어 있기 때문에 한자 학습은 우리 국민 누구에게나 필수적이라 할 수 있습니다.

한자가 언제 누구에 의해서 만들어졌는지는 정확히 밝혀져 있지 않으나 오천여 년 전에 중국 고대의 창힐이라는 사람이 새의 발자국을 보고 한자의 모양을 생각해 내었다는 전설이 있습니다. 그러나 일반적으로 나라의 점을 치던 사람들이나 뒷날 역사를 기록하던 사람들에 의해 만들어지고 변화, 발전되어 왔다고 보고 있습니다.

처음 만들어진 글자들은 그림과 같아서 모난 것이 없고 주로 곡선으로 이루어져 있었습니다. 예를 들면, 日(일)의 처음 모양은 '해'를 본떠 하나의 동그라미(○)였고, 月(월)은 반동그라미(☽), 川(천)은 골짜기에서 흐르는 물, 내(巛)를 본떴습니다.

초기의 문자는 자연물을 그린 것이었으나 문명이 발달하고 생활 영역이 넓어지면서, 자연물의 특징을 간략하게 표현하거나 기호를 사용하고, 또한 한자와 한자를 결합하여 새로운 한자를 만들어 썼습니다.

한자능력검정시험은 필수적

한자능력검정시험은 일상생활에서의 필수 한자를 얼마나 많이 알고 이해하는가를 검정하고, 사회적으로 한자 활용 능력을 인정받는 제도입니다.

이 책은 8급에서부터 단계별로 풀어 갈 수 있도록 한자의 쓰임과 한자의 유래, 자원(한자의 구성 원리) 풀이, 부수 및 필순 익히기, 학습에 도움이 되는 용례 풀이와 간체자(중국의 문자 개혁에 따라 자형字形을 간략하게 고친 한자)를 충실히 다루었을 뿐만 아니라, 핵심 정리와 예상 문제 및 실전 문제를 함께 수록하여 한자의 뜻을 폭넓게 이해하고 확실히 깨칠 수 있도록 하였습니다.

모쪼록 여러분의 앞날에 무궁한 발전과 하고자 하는 모든 일이 함께 이루어지길 기원합니다.

쉽게 따는 2단계 7급 한자의 구성과 활용법

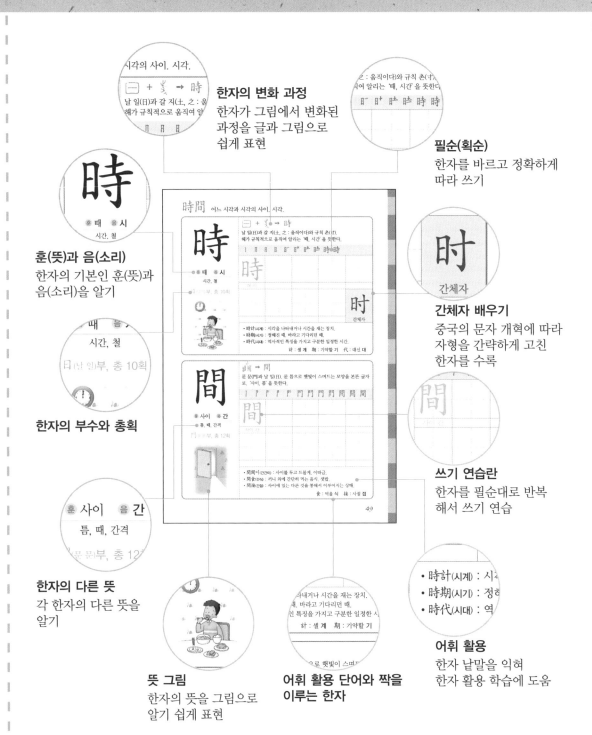

한자의 변화 과정
한자가 그림에서 변화된 과정을 글과 그림으로 쉽게 표현

필순(획순)
한자를 바르고 정확하게 따라 쓰기

훈(뜻)과 음(소리)
한자의 기본인 훈(뜻)과 음(소리)을 알기

간체자 배우기
중국의 문자 개혁에 따라 자형을 간략하게 고친 한자를 수록

한자의 부수와 총획

쓰기 연습란
한자를 필순대로 반복해서 쓰기 연습

한자의 다른 뜻
각 한자의 다른 뜻을 알기

뜻 그림
한자의 뜻을 그림으로 알기 쉽게 표현

어휘 활용 단어와 짝을 이루는 한자

어휘 활용
한자 낱말을 익혀 한자 활용 학습에 도움

고사 · 숙어 익히기 1, 2
그림과 함께 고사 · 숙어를 쉽고 재미있게 익힙니다.

한자 연습 문제 · 한자 실전 문제
각 장에서 배운 한자를 다양한 문제 풀이 방법으로
복습합니다.

7급 한자 다시 쓰기
각 장에서 배운 한자를 다시 한번 쓰면서 복습합니다.

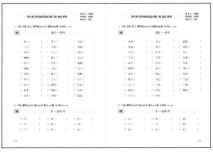

한자능력검정시험 7급 예상 문제 및 실전 문제
한자능력검정시험 7급 예상 문제와 실전 문제를
구성하여 실제 시험과 똑같은 답안지에 답을 쓰면서
실전 감각을 익힐 수 있습니다.

차례

한자는 뜻글자(표의 문자)이다!

'한자'는 뜻을 단위로 하여 만들어진 '뜻글자'이므로 각 글자마다 모양(형 : 形)과 소리(음 : 音)와 뜻(훈ㆍ새김 : 訓, 의 : 義)으로 이루어졌습니다.
이를 한자의 '3요소'라고 합니다.

漢字	모양(형상)	天	日	月	山	水	川
	소리(음)	천	일	월	산	수	천
	뜻(새김)	하늘	해ㆍ날	달	메	물	내

〈水(물 수)의 3요소〉

이 원리(한자의 짜임)를, 육서(六書)라고 하는데 다음과 같이 분류합니다.

(1) 상형문자(象形文字)

자연이나 구체적인 물체의 형상을 본떠서 만든 글자.

① 해의 모양을 본뜬 글자로, '해' 또는 '날'의 뜻으로 사용됨.

⬤ → 曰 → ⊖ → ⊖ → 日 (날 일)

② 산의 모양을 본뜬 글자로 '산'의 뜻으로 사용됨.

⛰ → ⋀⋀ → ⋀ → 山 → 山 (메 산)

(2) 지사문자(指事文字)

'숫자', '위', '아래', '처음', '끝' 등과 같이 구체적인 모양으로 나타낼 수 없는 한자를 점(ㆍ)이나 선(—) 같은 기호를 사용하여 만든 글자.

① 기준이 되는 선 위에 점으로 표시하여 '위쪽'의 뜻을 나타낸 글자.

┷ → ⌣ → 上 → 上 → 上 (윗 상)

(2) 나무의 가지 끝 부분에 점을 찍어 '끝'이란 뜻을 나타낸 글자.

🌳 → 🌲 → 朮 → 末 → 末 (끝 말)

(3) 회의문자(會意文字)

이미 만들어진 글자의 뜻과 뜻이 합쳐져서 새로운 뜻을 나타낸 글자.

木(나무 목) + 木(나무 목) ➡ 林(수풀 림)

日(해 일) + 月(달 월) ➡ 明(밝을 명)

(4) 형성문자(形聲文字)

'뜻'을 나타내는 글자와 '음(音 : 소리)'을 나타내는 글자로 결합하여 새로운
'뜻'과 '소리'를 지닌 글자.

水(물 수) + 靑(푸를 청) ➡ 淸(맑을 청)

口(입 구) + 未(아닐 미) ➡ 味(맛 미)

(5) 전주문자(轉注文字)

이미 있는 글자 본래의 의미가 확대되어 전혀 다른 음과 뜻으로 나타낸 글자.

樂 : 노래 악(音樂 : 음악), 즐길 락(娛樂 : 오락), 좋아할 요(樂山樂水 : 요산요수)

惡 : 악할 악(惡人 : 악인), 미워할 오(憎惡 : 증오)

(6) 가차문자(假借文字)

글자의 뜻에 상관없이 한자의 발음만을 빌려서 다른 뜻으로 나타낸 글자.

堂堂(당당) : 의젓하고 거리낌이 없음

丁丁(정정) : 나무 찍는 소리

亞細亞(아세아) : Asia

巴利(파리) : Paris

'부수(部首)'란 무엇인가?

한자는 자전(字典 : 옥편)에서 찾아야 합니다. 자전은 한자를 쉽고 빠르게 찾을 수 있도록 공통점이 있는 한자끼리 묶어 놓았는데, 이 공통적으로 들어가는 기본 글자를 '부수(部首)'라고 합니다.

한자는 대체로 부수와 몸이 합쳐져 만들어졌기 때문에, 부수를 알면 자전을 찾을 때 편리할 뿐만 아니라, 한자의 뜻을 쉽게 파악할 수 있습니다.

부수로 쓰이는 기본 글자는 모두 214자입니다.

부수의 위치와 이름

부수 글자는 자리하는 위치에 따라 그 이름이 각각 다릅니다.

글자의 위쪽에 있는 부수 : 머리

- 宀 : 갓머리(집 면) ➡ 家(집 가), 安(편안 안)
- 艹(艸) : 초두머리(풀 초) ➡ 花(꽃 화), 草(풀 초)
- 竹(竹) : 대 죽 ➡ 答(대답 답), 算(셈 산)

글자의 왼쪽에 있는 부수 : 변

- 亻(人) : 사람인변 ➡ 仁(어질 인), 代(대신 대)
- 禾 : 벼 화 ➡ 科(과목 과), 秋(가을 추)
- 氵(水) : 삼수변 ➡ 江(강 강), 海(바다 해)

글자의 아래쪽에 있는 부수 : 발 · 다리

- 儿 : 어진사람인 ➡ 兄(형 형), 光(빛 광)
- 灬(火) : 연화발(불 화) ➡ 烈(매울 렬), 然(그럴 연)
- 心 : 마음 심 ➡ 意(뜻 의), 感(느낄 감)

글자의 오른쪽에 있는 부수 : 방

- 刂(刀) : 칼도방 ➡ 刊(새길 간), 刑(형벌 형)
- 阝(邑) : 우부방 ➡ 郡(고을 군), 邦(나라 방)
- 卩 : 병부절방 ➡ 印(도장 인), 卯(토끼 묘)

글자의 위와 왼쪽을 덮고 있는 부수 : 엄

- 广 : 엄호(집 엄) ➡ 序(차례 서), 度(법도 도, 헤아릴 탁)
- 尸 : 주검 시 ➡ 居(살 거), 局(판 국), 屋(집 옥)

글자의 왼쪽과 아래를 덮고 있는 부수 : 받침

- 廴 : 민책받침(길게 걸을 인) ➡ 廷(조정 정), 建(세울 건)
- 辶(辵) : 책받침(쉬엄쉬엄 갈 착) ➡ 近(가까울 근)

글자의 전체나 일부분을 에워싸고 있는 부수 : 몸

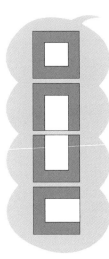

- 口 : 큰입 구(에운 담) ➜ 四(넉 사), 國(나라 국)

- 門 : 문 문 ➜ 開(열 개), 間(사이 간)

- 凵 : 위튼입구(입벌릴 감) ➜ 出(날 출), 匈(흉할 흉)

- 匚 : 터진입구몸(상자 방) ➜ 匠(장인 장), 區(널 구)

글자 자체가 부수인 글자 : 제부수

- 木 (나무 목)　　車 (수레 거 · 차)　　馬 (말 마)
- 心 (마음 심)　　金 (쇠 금, 성 김)

자전에서 한자 찾기

부수로 찾기 – 찾고자 하는 한자의 부수를 알아내고, 부수 색인란을 통하여 쪽수를
확인한 뒤, 총 획수에서 부수를 뺀 나머지 획수를 세어 그 글자를 찾습니다.

한자의 음을 이용해서 찾기 – 찾고자 하는 한자의 음을 알고 있는 경우에는 자음 색인
에서 해당 한자를 찾아 그 아래에 적힌 쪽수를 펼쳐서 찾습니다.

한자의 총 획수를 이용해서 찾기 – 찾고자 하는 글자의 부수나, 음을 모를 경우에는
그 글자의 총획을 세어 총획 색인에서 해당 한자를 찾습니다.

필순(筆順)이란?

글씨를 쓸 때 붓을 놀리는 차례. 곧, 점과 획이 차례로 거듭되어 하나의 글자를 다 쓸 때까지의 차례를 말합니다.

1. 왼쪽에서 오른쪽으로 씁니다.

川(내 천) ➡ 丿 川 川

江(강 강) ➡ 丶 冫 氵 氵 江 江

2. 위에서 아래로 씁니다.

三(석 삼) ➡ 一 二 三

工(장인 공) ➡ 一 丁 工

3. 가로획과 세로획이 겹칠 때에는 가로획을 먼저 씁니다.

木(나무 목) ➡ 一 十 才 木

十(열 십) ➡ 一 十

4. 좌우 대칭인 글자는 가운데를 먼저 씁니다.

水(물 수) ➡ 亅 刁 水 水

小(작을 소) ➡ 亅 小 小

5. 삐침(丿)과 파임(乀)이 만날 때는 삐침을 먼저 씁니다.

人(사람 인) → 丿 人

文(글월 문) → 丶 亠 亠 文

6. 글자를 꿰뚫는 획은 나중에 씁니다.

中(가운데 중) → 丨 冂 口 中

事(일 사) → 一 亅 亏 亐 틕 틗 틝 事

7. 둘러싼 모양으로 된 자는 바깥 부분을 먼저 씁니다.

四(넉 사) → 丨 冂 冖 四 四

同(한가지 동) → 丨 冂 冂 冋 同 同

8. 좌우를 먼저 쓰고 가운데를 나중에 씁니다.

火(불 화) → 丶 丷 少 火

性(성품 성) → 丶 丶 忄 忄 忄 怅 忹 忹 性

9. 글자를 가로지르는 획은 나중에 긋습니다.

女(계집 녀) → 𡿨 𡿨 女

丹(붉을 단) → 丿 冂 冂 丹 丹

10. 오른쪽 위에 점이 있는 글자는 그 점을 나중에 찍습니다.

犬(개 견) ➡ 一 ナ 大 犬

伐(칠 벌) ➡ ノ 亻 仁 代 伐 伐

11. 삐침이 길고 가로획이 짧으면 가로획을 먼저 씁니다.

左(왼 좌) ➡ 一 ナ 左 左 左

友(벗 우) ➡ 一 ナ 方 友

12. 삐침이 짧고 가로획이 길면 삐침을 먼저 씁니다.

右(오를/오른 우) ➡ ノ ナ ナ 右 右

有(있을 유) ➡ ノ ナ ナ 有 有 有

13. 책받침(辶, 廴)은 나중에 씁니다.

遠(멀 원) ➡ 一 十 土 土 吉 吉 声 章 幸 袁 袁 遠 遠 遠

建(세울 건) ➡ 一 一 ヨ ヨ 聿 聿 津 建 建

※ 특수한 자영의 필순 보기

凸(볼록할 철) ➡ 丨 凵 凸 凸 凸 (5획)

凹(오목할 요) ➡ 丨 𠃊 凹 凹 凹 (5획)

제1장 함께 하는 가정 생활

본문의 漢字는 조상과 가정 생활과 관련된 글자들입니다.

家內 平安 祖上 孝道 老少 男子 食事
全住 有夫 姓名 口足 方文 心不 立命

子
足

家内 한 집안. 가정의 안.

훈 **집** 음 **가**

집안, 전문가

宀(갓머리)부, 총 10획

→ 家

움집 면(宀)과 돼지 시(豕). 옛날 집에서 식용이나 제사용으로 돼지를 기른 데서 사람이 사는 '집'을 뜻한다.

`丶 丶 宀 宀 宀 宁 宇 家 家 家`

家 집 가

- 家事(가사) : 집 안에서 청소 등 하는 일. 집안 일.
- 家族(가족) : 부부를 중심으로 한 가정을 이루는 사람들.
- 家訓(가훈) : 집안 대대로 받드는 교훈.

事 : 일 **사**   族 : 겨레 **족**   訓 : 가르칠 **훈**

훈 **안** 음 **내**

속, 아내, 나인(여관)

入(들 입)부, 총 4획

内 → 内 → 内

세 방면이 가리워진 멀 경(冂)과 들 입(入).
어떤 땅이나 영토 속에 들어가는 '안, 속'을 뜻한다.

`丨 冂 冂 内`

内 안 내

- 内剛(내강) : 겉으로 보기에는 유순하면서도 속마음이 굳셈.
- 内外(내외) : 안과 밖. '부부'를 일컫는 말.
- 内容(내용) : 속에 들어 있는 것. (글이나 말 등에) 나타나 있는 사항.

剛 : 굳셀 **강**   外 : 바깥 **외**   容 : 얼굴 **용**

平安 마음에 걱정이 없거나 아무 탈 없이 평화로움.

훈 **평평할** 음 **평**

다스리다, 고르다

干(방패 간)부, 총 5획

罘 ➡ 平 ➡ 平

방패 간(干)과 나눌 팔(八). 물 위에 뜬 부평초의 모양. 싹이 땅 위로 터져 올라 평평하게 깔리는 것을 뜻한다.

一 ｢ ｢ ス ユ 平

平 平

평평할 평

• 平均(평균) : (수나 양이) 많거나 적지 않고 고름.
• 平凡(평범) : 뛰어난 데 없이 보통임.
• 平和(평화) : 평온하고 화목함. 싸움이 없이 평온함.

均 : 고를 **균**　凡 : 무릇 **범**　和 : 화할 **화**

훈 **편안** 음 **안**

즐기다, 좋아하다

宀(갓머리)부, 총 6획

宀 + 女 ➡ 安

움집 면(宀)과 계집 녀(女).
여자가 집안에서 일을 돌보니 집안이 '편안하다'는 것을 뜻한다.

丶 丷 宀 宀 安 安

安 安

편안 안

• 安寧(안녕) : 아무 탈 없이 편안함. 마음이 편안하고 몸이 건강함.
• 安心(안심) : 마음을 편안히 가짐.
• 安全(안전) : 편안하고 위험이 없음.

寧 : 편안 **녕**　心 : 마음 **심**　全 : 온전 **전**

祖上 대대로 한 핏줄을 이어오는, 할아버지 이전의 어른.

祖

훈 **할아비** 음 **조**

조상, 처음

示(보일 시)부, 총 10획

🛸田 ➡ 示且 ➡ 祖

보일 시(示)와 도마 조(且). 제상 위에 제물을 차려놓고 제사를 지내는 대상, '조상'을 뜻한다.

一 二 千 千 示 和 和 和 祖 祖

祖

할아비 조

• 祖國(조국) : 조상 때부터 살아온 나라. 자기가 태어난 나라.
• 祖廟(조묘) : 선조의 묘. 조상의 신주를 모신 사당.
• 元祖(원조) : 첫 대의 조상. 어떤 일을 처음으로 시작한 사람.

國 : 나라 **국** 廟 : 사당 **묘** 元 : 으뜸 **원**

上

훈 **윗** 음 **상**

오르다, 앞

一(한 일)부, 총 3획

⌐ ➡ ⌐ ➡ 上

일정한 위치(一)에서 위쪽에 있는 것을 가리키는(卜) 것으로, '위, 오르다'를 뜻한다.

丨 卜 上

上

윗 상

• 上京(상경) : 지방에서 서울로 올라옴.
• 上位(상위) : 높은 순위나 등급.
• 上下(상하) : 위와 아래. 윗사람과 아랫사람.

京 : 서울 **경** 位 : 자리 **위** 下 : 아래 **하**

孝道 부모를 잘 모시는 일. 또는 그 도리.

孝

耂 + 子 → 孝

늙을 로(耂・老)와 아들 자(子). 아들이 늙은 어버이를 업은 모양.
또는 잘 섬기는 것으로, '효도'를 뜻한다.

一 十 土 耂 耂 孝 孝

훈 **효도** 음 **효**

효자, 효도하다

子(아들 자)부, 총 7획

- 孝敬(효경) : 부모를 잘 섬기고 공경함.
- 孝誠(효성) : 마음을 다해 부모에게 효도하는 정성.
- 孝子(효자) : 부모를 잘 섬기는 아들.

敬 : 공경 **경**   誠 : 정성 **성**   子 : 아들 **자**

道

首辶 → 首辶 → 道

쉬엄쉬엄갈 착(辵・辶)과 머리 수(首:사람).
사람이 마땅히 걸어가야 할 '길'을 뜻한다.

丶 丷 丷 㐅 丷 首 首 首 首 首 道 道

훈 **길** 음 **도**

도리, 행정 구역

辶(책받침)부, 총 13획

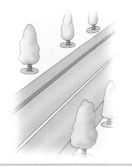

- 道德(도덕) : 사람으로서 마땅히 따라야 할 바른 길. 도리(道理).
- 道路(도로) : 사람이나 차가 다닐 수 있도록 만든 길.
- 道通(도통) : 사물의 깊은 이치를 깨달아 앎.

德 : 큰 **덕**   理 : 다스릴 **리**   路 : 길 **로**   通 : 통할 **통**

老少 늙은이와 젊은이.

老

훈 늙을　음 로

어른, 익숙하다

老(늙을 로)부, 총 6획

$\overset{\sim}{\equiv}$ → $\overset{\sim}{\equiv}$ → 老

머리카락이 길고 허리가 굽은 노인이 지팡이를 짚고 서 있는
모양을 본뜬 글자.

一 十 土 耂 耂 老

老
늙을 로

- **老年(노년)** : 늙은 나이. 늙은이　딴 **少年(소년)**
- **老母(노모)** : 늙은 어머니.
- **老弱者(노약자)** : 늙은 사람과 약한 사람.

年 : 해 **년**　母 : 어미 **모**　弱 : 약할 **약**　者 : 놈 **자**

少

훈 적을　음 소

젊다, 어리다

小(작을 소)부, 총 4획

$\overset{\cdot\cdot}{\nearrow}$ → 少 → 少

작은 것(小)의 일부분(丿:삐침 별)을 합한 글자로, '적다, 젊다'를
뜻한다.

丿 小 小 少

少
적을 소

- **少年(소년)** : 아주 어리지도 않고 완전히 자라지도 않은 남자.
- **少量(소량)** : 적은 분량.　딴 **多量(다량)**. **大量(대량)**.
- **多少(다소)** : (분량이나 정도의) 많고 적음. 조금이긴 하지만 어느 정도.

年 : 해 **년**　量 : 헤아릴 **량**　多 : 많을 **다**　大 : 큰 **대**

24

有夫 남편이 있음.

ナ + 月 → 有

오른쪽 손(ナ·又)과 고기 육(月·肉).
오른쪽 손에 고기를 들고 있는 것으로, '있다' 를 뜻한다.

ノ ナ 右 有 有 有

훈 **있을** 음 **유**
알다, 가지다

月(달 월)부, 총 6획

- 有能(유능) : 재능이나 능력이 있음. ᄈ 無能(무능)
- 有力(유력) : 힘이 있음. 가능성이 많음.
- 有名(유명) : 이름이 널리 알려져 있음. 이름이 있음.

能 : 능할 **능**   無 : 없을 **무**   力 : 힘 **력**   名 : 이름 **명**

夫 → 夫 → 夫

사람(大) 머리 위에 갓을 쓴 성인 남자로, '지아비' 를 뜻한다.

一 二 丰 夫

훈 **지아비** 음 **부**
남편, 사나이

大(큰 대)부, 총 4획

- 夫婦(부부) : 결혼한 한 쌍의 남자와 여자. 남편과 아내.
- 夫人(부인) : 남을 높이어 그의 '아내' 를 일컫는 말.
- 丈夫(장부) : 다 자란 건장한 남자. 사내답고 씩씩한 남자.

婦 : 며느리 **부**   人 : 사람 **인**   丈 : 어른 **장**

男子 남성인 사람. 사나이.

田 + ⼒ → 男

밭 전(田)과 힘 력(力).
밭에 나가 힘써 일하는 사람은 사내라는 데서 '남자'를 뜻한다.

丨 冂 冂 田 田 甼 男

男			
사내 남			

훈 **사내** 음 **남**
남자, 젊은이

田(밭 전)부, 총 7획

• 男女老少(남녀노소) : 남자와 여자, 늙은이와 젊은이, 곧 모든 사람.
• 男性(남성) : 남자. 남자의 성질 또는 체질. 만 女性(여성)
• 男便(남편) : 아내의 배우자.

性 : 성품 **성**   便 : 편할 **편**, 똥오줌 **변**

⼉ → ⼦ → 子

포대기에 싸여서 두 팔을 벌리고 있는 갓난아이의 모양을
본뜬 글자.

⼀ 了 子

子			
아들 자			

훈 **아들** 음 **자**
자식, 씨, 열매

子(아들 자)부, 총 3획

• 子母(자모) : 아들과 어머니.
• 子女(자녀) : 아들과 딸.
• 子孫(자손) : 아들과 손자. 먼 후손을 통틀어 일컬음.

母 : 어미 **모**   女 : 계집 **녀**   孫 : 손자 **손**

姓名 성과 이름. 이름.

姓

훈 성 음 성

겨레, 씨족

女(계집 녀)부, 총 8획

🎴 + 🎴 → 姓

여자(女)가 자식을 낳으면(生) 이름을 지어야 하는 것으로,
'성씨'를 뜻한다.

ㄑ ㄑ ㄠ ㄠ 女 女 妒 姓 姓

姓
성 성

- 同姓(동성) : 같은 성씨.
- 姓氏(성씨) : '성'을 높여 일컫는 말.
- 百姓(백성) : 그 나라에 사는 사람들. 국민.

同 : 한가지 동   氏 : 각시/성씨 씨   百 : 일백 백

名

훈 이름 음 명

명분, 이름나다

口(입 구)부, 총 6획

🎴 → 🎴 → 名

저녁 석(夕)과 입 구(口). 저녁에는 얼굴을 분간하기 어려워 부르는
것으로, '이름'을 뜻한다.

ノ ク タ タ 名 名

名
이름 명

- 名曲(명곡) : 유명한 악곡. 뛰어나게 잘된 악곡.
- 名物(명물) : 그 지방의 이름난 물건.
- 名作(명작) : 내용이 훌륭하여 이름난 작품.

曲 : 굽을 곡   物 : 물건 물   作 : 지을 작

 食事 음식을 먹음.

食

훈 **밥/먹을** 음 **식**

음식, 먹이다

食(밥 식)부, 총 9획

亼 + 皀 → 食

모을 집(亼·集)과 밥 고소할 흡(皀).
밥을 그릇에 수북이 담은 음식 모양을 본뜬 글자.

丿 𠆢 𠆢 今 今 今 食 食 食

食
밥/먹을 식

- 食口(식구) : 한 집안에서 같이 살며 밥을 함께 먹는 사람.
- 食單(식단) : 파는 음식 이름과 값을 적은 표.
- 食慾(식욕) : 음식을 먹고 싶어하는 마음. 밥맛.

口 : 입 **구**   單 : 홑 **단**   慾 : 욕심 **욕**

事

훈 **일** 음 **사**

직분, 사업, 사건

亅(갈고리 궐)부, 총 8획

 → 事 → 事

깃발 달린 깃대를 세운 모양. 또는 나뭇가지에 맨 팻말을 손에 든 모양.

一 ㄱ ㅋ ㅋ ㅋ 彐 彐 事

事
일 사

- 事件(사건) : 문제가 되거나 관심을 끌 만한 일. 뜻밖에 일어난 일.
- 事故(사고) : 뜻밖에 일어난 사건.
- 事業(사업) : 경제적 이익을 얻기 위해 벌이는 경제 활동.

件 : 물건 **건**   故 : 연고 **고**   業 : 업 **업**

口足 입과 발.

口

훈 입 음 구

말하다, 인구

口(입 구)부, 총 3획

사람의 입 모양을 본뜬 글자로, '입'을 뜻한다.

丨 ㄇ 口

口

입 구

• 口味(구미) : 입맛. 갖고 싶은 마음.
• 非常口(비상구) : 사고가 났을 때 급히 피할 수 있게 만든 문.
• 有口無言(유구무언) : '입은 있으나 할 말이 없다'는 뜻으로, 변명할 말이 없음.

味 : 맛 **미** 非 : 아닐 **비** 常 : 떳떳할 **상** 無 : 없을 **무** 言 : 말씀 **언**

足

훈 발 음 족

족하다, 충분하다

足(발 족)부, 총 7획

무릎(口)과 정강이에서 발 끝(止)까지의 모양을 본뜬 글자로, '발'을 뜻한다.

丨 ㄇ 口 ㄗ 早 𧾷 足

足

발 족

• 足部(족부) : 발에서 발목까지의 언저리.
• 足跡(족적) : 발자국. 옛날의 업적.
• 不足(부족) : 모자라거나 충분하지 않은 것.

部 : 떼 **부** 跡 : 발자취 **적** 不 : 아닐 **불**·**부**

方文 약방문(藥方文). 약을 짓기 위해 약재 등을 적은 종이.

方

훈 **모** 음 **방**

네모, 방위, 곳

方(모 방)부, 총 4획

丬 → 方 → 方

배를 언덕에 묶어 놓은 모양. 또는 칼을 칼꽂이에 꽂아 놓은 모양을 본뜬 글자.

丶 一 亍 方

方				
모 방				

- **方法**(방법) : 어떤 목적을 달성하기 위한 수단.
- **方正**(방정) : 말이나 행동이 바르고 점잖음.
- **方向**(방향) : 향하거나 나아가는 쪽. 방위.

法 : 법 **법**   正 : 바를 **정**   向 : 향할 **향**

文

훈 **글월** 음 **문**

글자, 문서, 무늬

文(글월 문)부, 총 4획

文 → 文 → 文

사람의 몸에 그린 무늬(문신)를 본뜬 글자.
아름다운 '무늬'를 뜻하다가 '글자, 글월'을 뜻하게 되었다.

丶 一 ナ 文

文				
글월 문				

- **文明**(문명) : 사람의 지혜가 깨어 사회가 발전한 상태.
- **文化**(문화) : 인간이 사회에서 이룩한 정신·물질적인 산물.
- **文人**(문인) : 소설가·시인 등과 같이 전문적으로 글을 쓰는 사람.

明 : 밝을 **명**   化 : 될 **화**   人 : 사람 **인**

 심부전(心不全). 심장 기능이 약해 혈액 공급이 불안정한 병.

心

_훈 마음 　_음 심

생각, 가슴, 가운데

心(마음 심)부, 총 4획

心 → (心) → 心

사람의 심장 모양을 본뜬 글자.

丶 心 心 心

心

마음 심

- 心氣(심기) : 마음으로 느끼는 기분.
- 心理(심리) : 마음의 움직임이나 상태.
- 心身(심신) : 마음과 몸. 정신과 육체.

氣 : 기운 기　理 : 다스릴 리　身 : 몸 신

不

_훈 아닐 　_음 불·부

못하다, 없다(부정)

一(한 일)부, 총 4획

不 → 不 → 不

새(一)가 하늘 높이 날아오르는 것을 본뜬 글자.
날아오른 새는 내려오지 않는 것으로, '아니다, 없다'를 뜻한다.

一 ㄱ ㄱ 不

不

아닐 불·부

- 不幸(불행) : 행복하지 않음. 운수가 나쁨.
- 不定(부정) : 바르지 않음.
※不이 'ㄷ·ㅈ' 앞에 올 때는 '부'로 읽는다.

幸 : 다행 행　定 : 정할 정

31

全住　온전하다. 살다.

全

훈 온전　음 전

모두, 온통, 전체

入(들 입)부, 총 6획

들 입(入)과 구슬 옥(玉).
옥이 사람의 손에 들어가 가공되는 것으로, '온전하다'를 뜻한다.

ノ 入 ム 全 全 全

全
온전 전

- 全國(전국) : 한 나라의 전체. 온 나라.
- 全能(전능) : 못하는 것 없이 모두 익숙하게 잘함.
- 全部(전부) : 모두 다. 모조리.

國 : 나라 국　能 : 능할 능　部 : 떼 부

住

훈 살　음 주

머무르다, 거처

亻(人, 사람인변)부, 총 7획

身 + 主 → 住

사람(人)이 촛불(主 : 등불)을 들고 있는 모습으로, 머물러 사는 것을
뜻한다.

ノ 亻 亻 仁 仁 住 住

住
살 주

- 住居(주거) : 어떤 곳에 자리잡고 삶. 또는 그 집.
- 住所(주소) : 사람이 자리를 잡아 살고 있는 곳.
- 住宅(주택) : 사람이 들어가 살 수 있게 지은 집.

居 : 살 거　所 : 바 소　宅 : 집 택

立命  천명(天命)에 좇아 마음의 평안을 얻음.

立

훈 설 음 립
서다, 세우다

立(설 립)부, 총 5획

사람이 땅 위에 서서 두 팔을 벌리고 서 있는 모습을 본뜬 글자.

丶　亠　亠　立

立
설 립

• 立法(입법) : 법률을 제정함.
• 立身(입신) : 사회적으로 인정을 받아 출세함.
• 立證(입증) : 증거를 내세워 증명함.

法 : 법 법　身 : 몸 신　證 : 증거 증

命

훈 목숨 음 명
운수, 명령하다

口(입 구)부, 총 8획

명령 령(令)과 입 구(口).
임금의 명령을 '목숨'을 바쳐 지키는 것을 뜻한다.

丿　人　人　ㅅ　合　合　命　命

命
목숨 명

• 命令(명령) : 윗사람이 아랫사람에게 내리는 분부.
• 命名(명명) : 사물에 이름을 지어 붙임.
• 命中(명중) : 겨냥한 곳을 쏘아 정확하게 맞힘.

令 : 하여금 령　名 : 이름 명　中 : 가운데 중

예 우리 집은 할아버지와 할머니를 모시고 사는데, 家訓(가훈) 은 '家和萬事成' 이다.

▶▶ 가정(집안)이 서로 이해하고 뜻이 잘 맞아 정다우면 모든 일이 다 잘 이루어진다는 말.

家	和	萬	事	成
집 가	화할 화	일만 만	일 사	이룰 성

예 우리가 **郊外**(교외)에 나가 자연 관찰을 하는 일이야말로
百聞이 **不如一見**이다.

▶▶ '말로 백 번 듣는 것이 한 번 보는 것만 못하다'는 뜻으로,
무엇이든지 실제로 경험해야 확실히 알 수 있다는 말.

百	聞	不	如	一	見
일백 백	들을 문	아닐 불	같을 여	한 일	볼 견

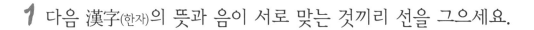

한자 연습 문제

1 다음 漢字(한자)의 뜻과 음이 서로 맞는 것끼리 선을 그으세요.

⑴ 성 성　　·　　　　·❶ 祖

⑵ 효도 효　·　　　　·❷ 食

⑶ 할아비 조　·　　　　·❸ 姓

⑷ 아닐 불·부 ·　　　　·❹ 足

⑸ 밥/먹을 식 ·　　　　·❺ 孝

⑹ 발 족　　·　　　　·❻ 不

2 다음의 〈보기〉와 같이 漢字(한자)의 뜻과 음을 써 보세요.

보기　　　　　　先 → 먼저 선

❶ 名 (　　　　　)　　❷ 內 (　　　　　)

❸ 道 (　　　　　)　　❹ 平 (　　　　　)

❺ 立 (　　　　　)　　❻ 夫 (　　　　　)

❼ 口 (　　　　　)　　❽ 住 (　　　　　)

❾ 家 (　　　　　)　　❿ 安 (　　　　　)

3 다음과 같은 뜻과 음을 가진 漢字(한자)를 써 보세요.

❶ 늙을 로 (   )   ❷ 있을 유 (   )

❸ 사내 남 (   )   ❹ 적을 소 (   )

❺ 일 사 (   )   ❻ 아들 자 (   )

❼ 글월 문 (   )   ❽ 온전 전 (   )

4 다음과 같은 뜻을 가진 漢字語(한자어)를 〈보기〉에서 찾아 써 보세요.

> 보기   方正 不幸 孝道 心氣 住所 全能 事件

❶ 부모를 잘 모시는 일. 또는 그 도리.   (   )

❷ 마음으로 느끼는 기분.   (   )

❸ 말이나 행동이 바르고 점잖음.   (   )

❹ 사람이 자리를 잡아 살고 있는 곳.   (   )

❺ 뜻밖에 일어난 일.   (   )

❻ 행복하지 않음. 운수가 나쁨.   (   )

❼ 못하는 것 없이 모두 익숙하게 잘함.   (   )

한자 실전 문제

1 다음 漢字語(한자어)의 讀音(독음:한자의 음)을 〈보기〉와 같이 써 보세요.

보기   學校 (학교)

❶ 家訓 (   )   ❷ 食口 (   )   ❸ 全國 (   )

❹ 文物 (   )   ❺ 方向 (   )   ❻ 住居 (   )

❼ 平和 (   )   ❽ 老弱者 (   )   ❾ 少年 (   )

❿ 安寧 (   )   ⓫ 內容 (   )   ⓬ 祖國 (   )

2 다음 漢字(한자)의 訓(훈:뜻)과 音(음:소리)을 〈보기〉와 같이 써 보세요.

보기   外 → 바깥 외

❶ 祖 (   )   ❷ 孝 (   )   ❸ 老 (   )

❹ 姓 (   )   ❺ 食 (   )   ❻ 事 (   )

❼ 立 (   )   ❽ 心 (   )   ❾ 足 (   )

3 다음에 알맞은 漢字(한자)를 〈보기〉에서 찾아 써 보세요.

보기   全   不   家   孝   命   少

❶ 목숨 명 (   )   ❷ 적을 소 (   )   ❸ 집 가   (   )

❹ 온전 전 (   )   ❺ 효도 효 (   )   ❻ 아닐 불·부 (   )

4 다음 漢字(한자)와 반대 또는 상대 되는 漢字(한자)를 〈보기〉에서 찾아 써 보세요.

보기 可　大　少　外　女　下

❶ 內(안 내) ←→ (　　　　)　　❷ 上(윗 상) ←→ (　　　　)

❸ 老(늙을 로) ←→ (　　　　)　　❹ 男(사내 남) ←→ (　　　　)

❺ 不(아닐 불·부) ←→ (　　　　)　　❻ 小(작을 소) ←→ (　　　　)

5 다음에 알맞은 漢字語(한자어)의 뜻을 〈보기〉와 같이 써 보세요.

보기　　家內 : 한 집안. 가정의 안.

❶ 平安(평안) :

❷ 祖上(조상) :

❸ 食事(식사) :

❹ 姓名(성명) :

6 다음 □ 속에 알맞은 漢字(한자)를 〈보기〉에서 찾아 써 보세요.

보기　　氣　身　口　住　有　可　文　心

❶ □□ : 마음과 몸. 정신과 육체.

❷ □宅 : 사람이 들어가 살 수 있게 지은 집.

❸ □明 : 사람의 지혜가 깨어 사회가 발전한 상태.

❹ □□無言 : 변명할 말이 없음.

家 집 가						

內 안 내						

平 평평할 평						

安 편안 안						

祖 할아비 조						

上 윗 상						

孝 효도 효						

道							
길 도	길 도						

老							
늙을 로	늙을 로						

少							
적을 소	적을 소						

有							
있을 유	있을 유						

夫							
지아비 부	지아비 부						

男							
사내 남	사내 남						

子							
아들 자	아들 자						

姓						
성 성						

名						
이름 명						

食						
밥/먹을 식						

事						
일 사						

口						
입 구						

足						
발 족						

方						
모 방						

文							
글월 문	글월 문						

心							
마음 심	마음 심						

不							
아닐 불·부	아닐 불·부						

全							
온전 전	온전 전						

住							
살 주	살 주						

立							
설 립	설 립						

命							
목숨 명	목숨 명						

제2장 사회 생활의 여유

본문의 漢字는 사회 생활과 관련된 글자들입니다.

市邑 洞面 里村 時間 前後 場所
左右 出入 登下 主力 歌手 車旗

市邑 행정 구역으로서 시와 읍을 아울러 일컫는 말.

市

훈 저자 **음** 시

시장, 행정 구역

巾(수건 건)부, 총 5획

圖 → 市 → 市

갈 지(亠: 之의 획 줄임)와 수건 건(巾).
생활에 필요한 물건(巾)이 있는 곳, '저자(시장)'을 뜻한다.

丶 亠 亠 亣 市

市
저자 시

- 市街(시가) : 도시의 큰 거리. 저잣거리.
- 市外(시외) : 도시의 바깥. (반)市內(시내)
- 市場(시장) : 여러 가지 물건을 모아 사고파는 곳. 저자.

街 : 거리 **가**　外 : 바깥 **외**　場 : 마당 **장**

邑

훈 고을 **음** 읍

마을, 행정 구역

邑(고을 읍)부, 총 7획

圖 → 邑 → 邑

둘러쌀 위(囗ㆍ圍)와 병부절(巴ㆍ卩: 사람).
일정한 경계 안에 사람이 모여 사는 '마을, 고을'을 뜻한다.

丶 口 口 吕 吕 吕 邑

邑
고을 읍

- 邑內(읍내) : 마을(고을)의 안. 지방의 작은 도시.
- 邑民(읍민) : 읍의 주민. 읍내에 사는 사람.
- 都邑(도읍) : 서울. 그 나라의 수도를 정함.

內 : 안 **내**　民 : 백성 **민**　都 : 도읍 **도**

洞面 행정 구역으로서 동과 면을 아울러 일컫는 말.

洞

훈 골 음 동
훈 밝을 음 통

마을, 꿰뚫다

氵(삼수변)부, 총 9획

 ➡ 洞

물 수(水 · 氵)와 한 가지 동(同). 물이 흐르는 골짜기, 여러 사람이 모여 사는 '골(고을), 마을' 을 뜻한다.

丶 丶 氵 氵 汩 泂 洞 洞 洞

洞
골 동, 밝을 통

• 洞里(동리) : 마을. 동(洞)과 리(里).
• 洞事務所(동사무소) : 행정 구역의 하나인 동의 행정 사무를 맡아보는 곳.
• 洞察(통찰) : 훤히 꿰뚫어 앎.

里 : 마을 리 事 : 일 사 務 : 힘쓸 무 所 : 바 소 察 : 살필 찰

面

훈 낯 음 면

얼굴, 탈, 만나다

面(낯 면)부, 총 9획

➡ 面 ➡ 面

이마(一)와 코(自) 및 양볼이 있는 얼굴의 윤곽(口)을 본뜬 글자.

一 一 丆 丙 而 而 而 面 面

面
낯 면

• 面談(면담) : 서로 만나서 이야기함.
• 面對(면대) : 서로 얼굴을 대함. 對面(대면).
• 生面不知(생면부지) : 이전에 만나 본 일이 없어 전혀 모르는 사람.

談 : 말씀 담 對 : 대할 대 不 : 아닐 불·부 知 : 알 지

里村 행정 구역으로서 마을을 일컫는 말.

里

훈 마을 음 리

거리, 이수

里(마을 리)부, 총 7획

밭 전(田)과 흙 토(土).
밭과 토지가 있어 사람이 살 수 있는 곳으로 '마을'을 뜻한다.

丨 冂 冃 日 旦 甲 里

里 마을 리

• 里長(이장) : 행정 구역인 리(里)의 사무를 맡아보는 사람.
• 里程標(이정표) : 도로 · 선로 등의 가장자리에 어느 곳까지의 거리와 방향을 적어서 세워놓은 푯말이나 표지.

長 : 긴 **장** 程 : 한도/길 **정** 標 : 표할 **표**

村

훈 마을 음 촌

시골

木(나무 목)부, 총 7획

나무 목(木)과 법도 촌(寸). 나무가 있는 곳에 집을 짓고 법도(질서) 있게 모여 사는, '마을'을 뜻한다.

一 十 才 木 木 村 村

村 마을 촌

• 村落(촌락) : 시골에 있는 마을. 村里(촌리).
• 村民(촌민) : 촌의 백성. 시골에 사는 백성.
• 村長(촌장) : 한 마을을 대표하는 사람. 里長(이장).

落 : 떨어질 **락** 民 : 백성 **민**

時間 어느 시각과 시각의 사이. 시각.

時

훈 때 음 시

시간, 철

日(날 일)부, 총 10획

□ + ⚘ ➡ 時

날 일(日)과 갈 지(土 · 之 : 움직이다)와 규칙 촌(寸).
해가 규칙적으로 움직여 알리는 '때, 시간' 을 뜻한다.

丨 冂 月 日 日¯ 日ㅏ 昨 昨 時 時

時
때 시

时
간체자

- 時計(시계) : 시각을 나타내거나 시간을 재는 장치.
- 時期(시기) : 정해진 때. 바라고 기다리던 때.
- 時代(시대) : 역사적인 특징을 가지고 구분한 일정한 시간.

計 : 셀 계   期 : 기약할 기   代 : 대신할 대

間

훈 사이   음 간

틈, 때, 간격

門(문 문)부, 총 12획

🚪

冂 冂 冂 冃 冃 門 門 門 門 間 間 間

間
사이 간

间
간체자

- 間間이(간간이) : 사이를 두고 드물게. 이따금.
- 間食(간식) : 끼니 외에 간단히 먹는 음식. 샛밥.
- 間接(간접) : 사이에 있는 다른 것을 통해서 이루어지는 상태.

食 : 밥/먹을 식   接 : 이을 접

前後 앞과 뒤. 처음과 마지막.

前

훈 앞 **음** 전

먼저, 일찍이

刀(刂, 칼 도)부, 총 9획

舟 + 刀 → 前

칼(刀·刂)로 묶어 놓았던 배(船)의 밧줄을 끊으면 배가 앞으로
나아가는 것을 뜻한다.

丶 丷 斗 쓰 斗 肖 肖 前 前

前
앞 전

- 前面(전면) : 앞쪽 면.
- 前方(전방) : 앞쪽. 적을 바로 마주하고 있는 곳. ﹝반﹞ 後方(후방)
- 前進(전진) : 앞으로 나아감. ﹝반﹞ 後退(후퇴)

面 : 낯 **면** 方 : 모 **방** 後 : 뒤 **후** 進 : 나아갈 **진** 退 : 물러날 **퇴**

後

훈 뒤 **음** 후

나중, 뒤지다, 늦다

彳(두인변)부, 총 9획

彳 + 幺 → 後

조금 걸을 척(彳)과 작을 요(幺)와 뒤져올 치(夂).
어린아이가 조금씩 걸어가는 것으로, '뒤, 뒤지다' 를 뜻한다.

丿 彳 彳 彳 㣺 㣺 徉 徟 後

後
뒤 후

后
간체자

- 後記(후기) : 뒷날의 기록. (본문 뒤에) 덧붙여 기록함.
- 後尾(후미) : 뒤쪽의 끝. 대열의 맨 뒷부분.
- 後世(후세) : 뒤의 세상.

記 : 기록할 **기** 尾 : 꼬리 **미** 世 : 인간 **세**

場所 어떤 일이 이루어지거나 일어나는 곳.

場

훈 마당 음 장

자리, 곳, 장소

土(흙 토)부, 총 12획

⺅ + 昜 → 場

흙 토(土)와 빛날 양(昜).
햇볕이 잘 드는 양지 바른 곳으로, '마당, 장소'를 뜻한다.

一 十 土 圹 圹 圹 圹 圽 坍 垳 場 場

場
마당 장

场
간체자

- **場內**(장내) : 어떤 일이 진행되고 있는 장소의 안.
- **場面**(장면) : 어떤 장소에서 겉으로 드러난 면이나 벌어진 광경.
  (연극이나 영화 등에서의) 한 모습.
- **場外**(장외) : 어떠한 곳의 바깥.

所

훈 바 음 소

곳, 장소, 경우

戶(지게 호)부, 총 8획

斦 → 所 → 所

지게 호(戶)와 도끼 근(斤).
나무가 도끼에 찍힌 부분을 가리키는 '것'이나 '곳'을 뜻한다.

丶 ㇋ ㇋ 户 戶 所 所 所

所
바 소

- **所感**(소감) : 마음에 느낀 바. 또는 그 생각.
- **所聞**(소문) : 여러 사람의 입에 오르내리면서 전하여 오는 말.
- **所願**(소원) : (무슨 일이 이루어지기를) 바람. 또는 그 바라는 일.

感 : 느낄 **감**   聞 : 들을 **문**   願 : 원할 **원**

左右 왼쪽과 오른쪽. 마음대로 다루거나 휘두름.

左

훈 **왼** 음 **좌**

왼손, 증거, 돕다

工(장인 공)부, 총 5획

ᅩ + ㄱ → 左

왼손 좌(ナ・左)와 장인 공(工).
목수가 일할 때 왼손이 오른손을 돕는 것으로, '왼쪽'을 뜻한다.

一 ナ ナ ナ 左

左
왼 좌

• **左之右之**(좌지우지) : 제 마음대로 다루거나 휘두름.
• **左衝右突**(좌충우돌) : 이리저리 마구 치고 받고 함.
• **左側**(좌측) : 왼쪽. 반 **右側**(우측)

之 : 갈 **지**   衝 : 찌를 **충**   突 : 갑자기 **돌**   側 : 곁 **측**

右

훈 **오를/오른** 음 **우**

숭상하다, 돕다

口(입 구)부, 총 5획

ナ + ㅂ → 右

또 우(ナ)와 입 구(口). 일을 할 때 오른손만으로는 모자라 입(口)으로
돕는 것으로, '오른쪽'을 뜻한다.

ノ ナ ナ 右 右

右
오를/오른 우

• **右方**(우방) : 오른편.
• **右邊**(우변) : 오른편짝. 등식이나 부등식에서 오른쪽에 적은 수나 식.
• **右翼手**(우익수) : 야구에서, 외야의 오른쪽을 지키는 선수.

方 : 모 **방**   邊 : 가 **변**   翼 : 날개 **익**   手 : 손 **수**

出入  사람이 어느 곳을 드나듦.

出

훈 날 음 출

나가다, 나타나다.

凵(위튼입구)부, 총 5획

초목의 싹(㞢)이 차츰 가지 위로 뻗으며 자라는 모양을 본뜬
글자로, '나다, 나가다'를 뜻한다.

| 丨 | 屮 | 屮 | 出 | 出 |

出
날 출

- 出發(출발) : 길을 떠남. 어떤 일을 시작함.
- 出生(출생) : 어머니의 몸에서 태어남. 🔄 死亡(사망)
- 出世(출세) : 사회적으로 높이 되거나 유명해짐.

發 : 필 발 生 : 날 생 死 : 죽을 사 亡 : 망할 망 世 : 인간 세

入

훈 들 음 입

들이다, 들어가다

入(들 입)부, 총 2획

⌒ ➡ 人 ➡ 入

하나의 줄기 밑에 뿌리가 갈라져 땅 속으로 뻗어 들어가는 모양을
본뜬 글자.

| 丿 | 入 |

入
들 입

- 入口(입구) : 들어가는 문. 🔄 出口(출구)
- 入場(입장) : 식장이나 경기장 등에 들어감. 🔄 退場(퇴장)
- 入學(입학) : 학교에 들어가서 학생이 됨. 🔄 卒業(졸업)

場 : 마당 장 退 : 물러날 퇴 卒 : 마칠 졸 業 : 업 업

登下 오르다. 아래, 내리다.

걸을 발(癶)과 제기 두(豆). 두 발을 모으고 제기(제사 용구)를
올려놓는 것으로, '오르다'를 뜻한다.

ノ ㄱ ㄱ゙ ㄱ゙ 癶 癶 癶 癶 癶 癶 登 登

훈 **오를** 음 **등**

올리다, 기재하다

癶(필발머리)부, 총 12획

- 登校(등교) : 학교에 감. 반 下校(하교)
- 登記(등기) : 장부에 기록하는 일.
- 登山(등산) : 산에 오름. 반 下山(하산)

校 : 학교 교   下 : 아래 하   記 : 기록할 기   山 : 메 산

일정한 위치를 나타내는 일(一)과 그 아래를 나타내거나 하늘 밑에
있는 것으로, '아래'를 뜻한다.

一 丁 下

훈 **아래** 음 **하**

아랫사람, 내리다

一(한 일)부, 총 3획

- 下降(하강) : 높은 데서 낮은 데로 내려옴. 반 上昇(상승)
- 下校(하교) : 학교에서 공부를 마치고 돌아감.
- 下山(하산) : 산에서 내려옴. (나무나 물건 등을) 산에서 내림.

降 : 내릴 강, 항복힐 항   上 : 윗 상   昇 : 오를 승   校 : 학교 교

54

主力 주장되는 힘. 중심이 되는 세력.

主

훈 주인/임금 음 주

가장

、(점 주)부, 총 5획

🔥 → 主 → 主

촛대 위의 불꽃 심지가 불타고 있는 모양을 본뜬 글자.
등불은 가정의 중심을 차지한다는 데서 '주인'을 뜻한다.

、 ー 二 宁 主

主
주인/임금 주

• 主客(주객) : 주인과 손님. 주되는 사물과 그에 딸린 사물.
• 主人(주인) : 한 집안의 중심이 되어 책임지는 사람. 물건의 임자.
• 主唱(주창) : 앞장을 서서 부르짖음. 주장이 되어 이끎.

客 : 손 객   唱 : 부를 창

力

훈 힘 음 력

힘쓰다, 군사

力(힘 력)부, 총 2획

✓ → 𝌢 → 力

물건을 들어올릴 때 팔에 생기는 근육의 모양을 본뜬 글자로,
'힘, 힘쓰다'를 뜻한다.

フ 力

力
힘 력

• 力道(역도) : 역기를 들어올려 그 중량을 겨루는 경기.
• 力量(역량) : 어떤 일을 해낼 수 있는 능력.
• 力作(역작) : 온 힘을 기울여 작품을 만듦. 또는 그 작품.

道 : 길 도   量 : 헤아릴 량   作 : 지을 작

歌手 노래하는 것을 직업으로 가진 사람.

歌

훈 노래   음 가

노래하다, 울다

欠(하품 흠)부, 총 14획

骭 ➡ 哥了 ➡ 歌

하품(欠)하듯이 입(口)을 크게 벌리고 노래 부르는 모양을 본뜬 글자.

一 ㄱ ㅁ 몬 哥 可 피 피 哥 哥 哥 哥 歌 歌 歌

歌 노래 가

• 歌曲(가곡) : 시에 곡을 붙여 만든 성악곡.
• 歌謠(가요) : 일반 사람들이 널리 부르는 노래.
• 祝歌(축가) : 축하하는 뜻으로 부르는 노래.

曲 : 굽을 곡   謠 : 노래 요   祝 : 빌 축

手

훈 손   음 수

재주, 수단

手(손 수)부, 총 4획

✋ ➡ ✦ ➡ 手

다섯 손가락을 편 손의 모양을 본뜬 글자.

丿 二 三 手

手 손 수

• 手記(수기) : 자신의 체험을 직접 쓴 글.
• 手段(수단) : 어떤 목적을 이루기 위해 쓰는 방법.
• 手足(수족) : 손과 발. 손과 발처럼 마음대로 부림.

記 : 기록할 기   段 : 층계 난   足 : 발 족

車旗 수레와 깃발. 수레에 꽂은 깃발.

車

훈 수레   음 거·차

수레바퀴, 도르래

車(수레 거)부, 총 7획

車 ➡ 車

수레나 수레바퀴 모양을 본뜬 글자.

一 厂 厂 百 百 亘 車

車
수레 거·차

车
간체자

- 自轉車(자전거) : 페달을 밟아 뒷바퀴를 돌려서 앞으로 나가는 차.
- 車道(차도) : 차들이 달리는 도로.
- 車票(차표) : 차를 타기 위해 일정한 돈을 주고 사는 표. 승차권.

自 : 스스로 자   轉 : 구를 전   道 : 길 도   票 : 표 표

旗

훈 기   음 기

깃발, 표

方(모 방)부, 총 14획

旗 ➡ 旗

깃발 언(⻖)과 그 기(其 : 네모난 깃발).
지휘하기 위하여 높이 올리는 '기, 깃발'을 뜻한다.

丶 一 亍 方 方 方 方 方 放 旗 旗 旗 旗 旗

旗
기 기

- 旗手(기수) : 군대나 단체 등의 행진 때 앞에서 기를 드는 사람. 사회
  활동에서 앞장서서 이끌고 나가는 사람.
- 國旗(국기) : 나라를 상징하는 기. 태극기(太極旗).

手 : 손 수   國 : 나라 국   太 : 클 태   極 : 다할/극진할 극

龍門(용문) : 중국의 황하 상류에 있는 산골짜기 이름. 이곳은 물살이 가파르고 빨라 보통 물고기들은 올라갈 수가 없다. 강과 바다의 큰 고기들이 용문 밑으로 모여들긴 하나 도저히 뛰어오를 수가 없다. 만일 오르기만 하면 그때는 용이 된다는 것이다.

▶▶ '잉어가 용문에 오르면 용이 된다'는 뜻으로, 입신 출세에 연결되는 어려운 관문, 또는 운명을 결정짓는 중요한 시험에 비유함.

登	龍	門
오를 등	용 룡	문 문

예 운동회날 갑자기 비가 오는 바람에 사람들이 *右往左往*하였다.

▶▶ 이리저리 왔다 갔다 하며 일이나 나아가는 방향을 종잡지 못함.
어찌할 바를 모르는 모양.

右	往	左	往
오를/오른 우	갈 왕	왼 좌	갈 왕

한자 연습 문제

1 다음 漢字(한자)의 뜻과 음이 서로 맞는 것끼리 선을 그으세요.

⑴ 고을 읍 ·   · ❶ 場

⑵ 마을 촌 ·   · ❷ 旗

⑶ 마당 장 ·   · ❸ 邑

⑷ 오를 등 ·   · ❹ 歌

⑸ 기 기 ·   · ❺ 村

⑹ 노래 가 ·   · ❻ 登

2 다음의 〈보기〉와 같이 漢字(한자)의 뜻과 음을 써 보세요.

보기	家 → 집 가

❶ 力 (   )   ❷ 出 (   )

❸ 車 (   )   ❹ 洞 (   )

❺ 前 (   )   ❻ 所 (   )

❼ 時 (   )   ❽ 手 (   )

❾ 面 (   )   ❿ 市 (   )

60

3 다음과 같은 뜻과 음을 가진 漢字(한자)를 써 보세요.

❶ 마을 리 (   )　　❷ 사이 간 (   )

❸ 뒤 후 (   )　　❹ 오를/오른 우 (   )

❺ 왼 좌 (   )　　❻ 들 입 (   )

❼ 아래 하 (   )　　❽ 주인/임금 주 (   )

4 다음과 같은 뜻을 가진 漢字語(한자어)를 〈보기〉에서 찾아 써 보세요.

보기　　入學 市場 力量 間食 所願 出生 下校

❶ 끼니 외에 간단히 먹는 음식. 샛밥. (   )

❷ 어떤 일을 해낼 수 있는 능력. (   )

❸ 학교에 들어가서 학생이 됨. (   )

❹ 여러 가지 물건을 모아 사고파는 곳. 저자. (   )

❺ 학교에서 공부를 마치고 돌아감. (   )

❻ 어머니의 몸에서 태어남. (   )

❼ (무슨 일이 이루어지기를) 바람. 또는 그 바라는 일. (   )

한자 실전 문제

1 다음 漢字語(한자어)의 讀音(독음:한자의 음)을 〈보기〉와 같이 써 보세요.

> 보기   **姓名** (성명)

❶ 時間 (   )   ❷ 前後 (   )   ❸ 面談 (   )

❹ 里長 (   )   ❺ 場所 (   )   ❻ 入口 (   )

❼ 登山 (   )   ❽ 主客 (   )   ❾ 力道 (   )

❿ 手足 (   )   ⓫ 國旗 (   )   ⓬ 出發 (   )

2 다음 漢字(한자)의 訓(훈:뜻)과 音(음:소리)을 〈보기〉와 같이 써 보세요.

> 보기   **道** → 길 도

❶ 邑 (   )   ❷ 里 (   )   ❸ 場 (   )

❹ 主 (   )   ❺ 間 (   )   ❻ 後 (   )

❼ 左 (   )   ❽ 右 (   )   ❾ 力 (   )

3 다음에 알맞은 漢字(한자)를 〈보기〉에서 찾아 써 보세요.

> 보기   登 車 歌 洞 旗 時

❶ 때 시 (   )   ❷ 오를 등 (   )   ❸ 골 동, 밝을 통 (   )

❹ 기 기 (   )   ❺ 노래 가 (   )   ❻ 수레 거·차 (   )

4 다음 漢字(한자)와 반대 또는 상대 되는 字(자)를 〈보기〉에서 찾아 써 보세요.

보기   右   主   入   前   出口   登校

❶ 下校(하교) ↔ (   )   ❷ (   ) ↔ 入口(입구)

❸ 左(왼 좌) ↔ (   )   ❹ (   ) ↔ 後(뒤 후)

❺ 出(날 출) ↔ (   )   ❻ (   ) ↔ 客(손 객)

5 다음에 알맞은 漢字語(한자어)의 뜻을 〈보기〉와 같이 써 보세요.

보기   方法 : 목적을 달성하기 위한 수단.

❶ 時間(시간) :

❷ 場所(장소) :

❸ 歌手(가수) :

❹ 自轉車(자전거) :

6 다음 □ 속에 알맞은 漢字(한자)를 〈보기〉에서 찾아 써 보세요.

보기   入   足   登   市   里   場   手   口

❶ 도시의 큰 길거리. 저잣거리 : □ 街

❷ 식장이나 경기장 등에 들어감 : □ □

❸ 손과 발. 손과 발처럼 마음대로 부림 : □ □

❹ 장부에 기록하는 일 : □ 記

市							
저자 시	저자 시						

邑							
고을 읍	고을 읍						

洞							
골 동, 밝을 통	골동, 밝을통						

面							
낯 면	낯 면						

里							
마을 리	마을 리						

村							
마을 촌	마을 촌						

時	時						
때 시	때 시						

間	間						
사이 간	사이 간						

前	前						
앞 전	앞 전						

後	後						
뒤 후	뒤 후						

場	場						
마당 장	마당 장						

所	所						
바 소	바 소						

| 左 | 左 | | | | | |
| 왼 좌 | 왼 좌 | | | | | |

| 右 | 右 | | | | | |
| 오를/오른 우 | 오를/오른 우 | | | | | |

| 出 | 出 | | | | | |
| 날 출 | 날 출 | | | | | |

| 入 | 入 | | | | | |
| 들 입 | 들 입 | | | | | |

| 登 | 登 | | | | | |
| 오를 등 | 오를 등 | | | | | |

| 下 | 下 | | | | | |
| 아래 하 | 아래 하 | | | | | |

主	主					
주인/임금 주	주인/임금 주					

力	力					
힘 력	힘 력					

歌	歌					
노래 가	노래 가					

手	手					
손 수	손 수					

車	車					
수레 거·차	수레 거·차					

旗	旗					
기 기	기 기					

제3장 문화적인 삶의 지혜

본문의 漢字는 문화적인 삶과 관련된 글자들입니다.

便紙 活字 算數 百年 問答 電氣
正直 花草 同色 語話 記重 育每

花草

語

電話

記

便紙 소식이나 용건을 적어 보내는 글.

便

훈 편할 음 **편**
훈 똥오줌 음 **변**

편지, 변소

亻(人, 사람인변)부, 총 9획

亻 + 㪅 → 便

사람 인(亻, 人)과 고칠 경(更).
사람이 불편한 것을 고치는 것으로, '편리하다' 를 뜻한다.

丿 亻 亻 仁 佰 佰 佰 便 便

便
편할 편, 똥오줌 변

- 便利(편리) : 어떤 일을 하는데 편하고 쉬움.
- 便安(편안) : 몸이나 마음이 거북하지 않고 한결같이 좋음.
- 便所(변소) : 화장실. 대소변을 보는 곳. 뒷간.

利 : 이할 **리** 安 : 편안 **안** 所 : 바 **소**

紙

훈 종이 음 **지**

장(종이를 세는 단위)

糸(실 사)부, 총 10획

 → 紙

실 사(糸)와 각시 씨(氏).
나무 섬유를 평평하게 눌러 만든 '종이' 를 뜻한다.

乙 幺 幺 糸 糸 糸 糹 紅 紅 紙

紙
종이 지

纸
간체자

- 紙面(지면) : 종이의 표면. 신문 · 잡지에서 기사가 실리는 종이의 면.
- 紙筆墨(지필묵) : 종이와 붓과 먹을 아울러 일컫는 말.
- 韓紙(한지) : 우리나라에서 전통적인 방법으로 만든 종이.

面 : 낯 **면** 筆 : 붓 **필** 墨 : 먹 **묵** 韓 : 한국/나라 **한**

活字 활판 인쇄에 쓰이는 일정한 규격의 글자.

活

氵 + 舌 → 活

물 수(氵·水)와 입 막을 괄(舌). 막혔던 물이 터져 세차게 흐르는
것으로, '살다, 생기있다'를 뜻한다.

丶 丶 氵 氵 汗 汗 汗 活 活

훈 **살** 음 **활**

생기있다, 물소리

氵(水. 삼수변)부, 총 9획

- 活動(활동) : 기운차게 움직임. 어떤 일을 이루기 위해 힘씀.
- 活力(활력) : 살아 움직이는 힘. 활동하는 힘.
- 活用(활용) : 이리저리 잘 응용함.

動 : 움직일 **동** 力 : 힘 **력** 用 : 쓸 **용**

字

宀 + 子 → 字

움집 면(宀)과 아들 자(子).
집 안에서 아이가 태어나고 기르는 것으로, '글자, 문자'를 뜻한다.

丶 丶 宀 宀 宁 字

훈 **글자** 음 **자**

문자, 아이를 배다

子(아들 자)부, 총 6획

- 字數(자수) : 글자의 수효.
- 字音(자음) : 글자의 음(소리). 한자의 음.
- 字典(자전) : 한자를 일정한 순서로 배열하고 글자의 음과 뜻을 풀이한 책.

數 : 셈 **수** 音 : 소리 **음** 典 : 법 **전**

算數 산술. 수나 도형의 기초적인 셈법.

算

훈 **셈** 음 **산**

수효, 산가지

竹(竹. 대 죽)부, 총 14획

⦉𓃀⦊ ➡ 竹且 ➡ 算

대 죽(竹 : 산가지)과 갖출 구(具).
산가지나 주판을 손에 잡고 계산하는 것으로 '셈하다' 를 뜻한다.

丿 ㅗ 竹 竹 竹 竹 竹 竹 篁 笪 笪 算 算

算
셈 산

• 算定(산정) : 셈하여 정함.
• 算出(산출) : 계산해 냄.
• 計算(계산) : 셈을 헤아림. 약속에 따라 수를 구함.

定 : 정할 **정**   出 : 날 **출**   計 : 셀 **계**

數

훈 **셈** 음 **수**

세다, 몇

攵(攴. 등글월 攴)부, 총 15획

⦉𓃀⦊ ➡ 娄攵 ➡ 數

여러 루(婁:여성이 머리를 틀어올린 모양)와 칠 복(攴 · 攵).
여러 번 두드리며 그 수를 세는 것을 뜻한다.

丶 口 弔 弔 弔 昌 昌 曲 婁 婁 婁 數 數 數 數

數
셈 수

• 數量(수량) : 낱낱의 개수와 무게, 부피 등 양의 정도.
• 數値(수치) : 계산하여 얻은 값. 셈 값.
• 數學(수학) : 수에 대하여 연구하는 학문.

量 : 헤아릴 **량**   値 : 값 **치**   學 : 배울 **학**

百千　일백, 일천. 많은 수.

百

훈 **일백**　음 **백**

많다, 모든

白(흰 백)부, 총 6획

=> +  → 百

한 일(一)과 흰 백(白). 머리(一)가 하얗게(白) 센 사람.
하나로부터 시작하여 가장 많은 수, '일백, 많다'를 뜻한다.

一　丁　丆　百　百　百

百
일백 백

- 百科(백과) : 여러 가지 많은 과목. 온갖 학과.
- 百年大計(백년대계) : 먼 장래를 바라보고 세우는 큰 계획.
- 百方(백방) : 온갖 방법. 여러 방면.

　科 : 과목 과　年 : 해 년　大 : 큰 대　計 : 셀 계　方 : 모 방

千

훈 **일천**　음 **천**

천 번, 많다

十(열 십)부, 총 3획

彳 → 弌 → 千

사람 인(亻·人)과 열 십(十). 열 사람의 수명(100세), '1000'을 뜻한다.

丿　二　千

千
일천 천

- 千金(천금) : 엽전 천 냥. 매우 많은 돈. 비싼 값.
- 千年萬年(천년만년) : 아주 오랜 세월.
- 千里馬(천리마) : '천리를 달리는 말'이라는 뜻으로, 아주 뛰어난 말을 일컬음.

　金 : 쇠 금, 성 김　萬 : 일만 만　里 : 마을 리　馬 : 말 마

問答 물음과 대답. 두 사람 이상이 서로 묻고 대답하는 일.

問

훈 **물을** 음 **문**

물음, 찾다, 알리다

口(입 구)부, 총 11획

門 ➡ 問

문 문(門)과 입 구(口).
문 앞에서 입을 열어 말하여 '묻는' 것을 뜻한다.

丨 冂 冂 冃 冃 冃 門 門 門 門 問 問

問
물을 문

问
간체자

- 問安(문안) : 웃어른께 안부를 여쭘.
- 問題(문제) : 대답을 얻기 위한 물음. 해결해야 할 일.
- 質問(질문) : 모르는 것이나 알고 싶은 것을 물음.

安 : 편안 **안**   題 : 제목 **제**   質 : 바탕 **질**

答

훈 **대답** 음 **답**

응답, 갚다

竹(竹, 대 죽)부, 총 12획

竹合 ➡ 竹合 ➡ 答

대나무(竹) 조각에 써 온 편지에 응답하는(合) 것으로, '대답하다' 를
뜻한다.

丿 ㇒ ㇒ ㇒ 竹 竹 竹 竹 竹 笂 答 答

答
대답 답

- 答禮(답례) : 남에게 받은 예(禮)를 인사하거나 선물을 함.
- 答辭(답사) : 식장에서 축사 등 답례로 하는 말.
- 對答(대답) : 묻는 말에 자기의 뜻을 나타냄.

禮 : 예도 **례**   辭 : 말씀 **사**   對 : 대할 **대**

電氣 전자의 이동으로 생기는 에너지의 한 형태.

電

훈 **번개** 음 **전**

전기, 번쩍이다

雨(비 우)부, 총 13획

雨 + 𢑑 ➡ 電
비 우(雨)와 펼 신(申).
비가 올 때 번쩍번쩍 빛을 펼치는 '번개'를 뜻한다.

一 一 一 一 一 雨 雨 雨 雨 雨 雷 雷 雷 雷 電

電
번개 전

• 電球(전구) : 전기가 흐르면 밝은 빛을 내도록 만든 기구.
• 電信(전신) : 전류를 이용하여 문자나 부호로 주고받는 통신.
• 電車(전차) : 전기의 힘으로 레일 위를 달리는 차량.

球 : 공 **구**   信 : 믿을 **신**   車 : 수레 **거 · 차**

氣

훈 **기운** 음 **기**

김, 숨, 날씨

气(기운 기)부, 총 10획

🌾 ➡ ⧻米 ➡ 氣
쌀(米)로 밥을 지을 때 증기(气)가 증발하는 것으로, '기운, 숨'을 뜻한다.

丿 一 ヒ 气 气 气 氕 氛 氣 氣

氣
기운 기

气
간체자

• 氣力(기력) : 사람이 몸을 움직여 활동할 수 있는 힘. 기운.
• 氣象(기상) : 바람 · 비 · 구름 · 눈 등 날씨에 관계된 현상.
• 氣溫(기온) : 어느 곳이나 지역의 온도. 대기의 온도.

力 : 힘 **력**   象 : 코끼리 **상**   溫 : 따뜻할 **온**

正直 말이나 행동이 거짓됨이 없이 참되고 바른 상태.

正

훈 바를 음 정

본보기, 정하다

止(그칠 지)부, 총 5획

一 + 止 → 正

한 일(一)과 발 지(止). 정지선(一)에 바르게 멈추어 서는(止) 것으로, '바르다' 를 뜻한다.

一 丁 下 正 正

正				
바를 정				

• 正答(정답) : 옳은 답. 반 誤答(오답)
• 正義(정의) : 진리에 맞는 올바른 도리. 바른 뜻. 반 不義(불의)
• 公正(공정) : 공평하고 올바름.

誤 : 그르칠 오 義 : 옳을 의 公 : 공평할 공

直

훈 곧을 음 직

바르다, 바로잡다

目(눈 목)부, 총 8획

直 + ㇄ → 直

여러(十) 사람의 눈(目)으로 보면 숨김없이 살펴볼 수 있는 것으로, '곧다, 바르다' 를 뜻한다.

一 十 十 广 古 盲 直 直

直				
곧을 직				直
				간체자

• 直角(직각) : 두 직선이 만나서 이루는 90도의 각.
• 直線(직선) : 꺾이거나 굽은 데가 없는 곧은 선. 반 曲線(곡선)
• 直行(직행) : 도중에 머무르지 않고 목적지에 바로 감.

角 : 뿔 각 線 : 줄 선 曲 : 굽을 곡 行 : 다닐 행, 항렬 항

花草 꽃과 풀. 꽃이 피는 풀.

花

훈 **꽃**　음 **화**

꽃이 피다, 아름답다

⺾ (艸, 초두머리)부, 총 8획

艹 + 化 → 花

풀 초(⺾ · 艸)와 변화할 화(化).
새싹이 돋아나와 꽃을 피우는 것으로, '꽃'을 뜻한다.

一 十 十 艹 艹 艿 花 花

花
꽃 화

• 花壇(화단) : 꽃을 심기 위하여 흙을 한층 높게 하여 꾸며 놓은 꽃밭.
• 花郎(화랑) : 신라 때의 청소년 민간 수양 단체.
• 國花(국화) : 한 나라를 상징하는 꽃. 우리나라는 무궁화, 영국은 장미.

壇 : 단 **단**　郎 : 사내 **랑**　國 : 나라 **국**

草

훈 **풀**　음 **초**

거칠다, 시작하다

⺾ (艸, 초두머리)부, 총 10획

艹 + 早 → 草

풀 초(艸 · ⺾)와 일찍 조(早).
이른 봄에 푸른 싹이 돋아나는 것으로, '풀'을 뜻한다.

一 十 十 艹 艹 节 芦 苔 苴 草

草
풀 초

• 草家(초가) : 짚이나 갈대 등으로 지붕을 인 집.
• 草木(초목) : 풀과 나무. 식물.
• 草野(초야) : '풀이 난 들'이라는 뜻으로, 궁벽한 시골을 이름.

家 : 집 **가**　木 : 나무 **목**　野 : 들 **야**

 같은 빛깔. 같은 파벌.

同

훈 **한가지** 음 **동**

함께, 화(和)하다

口(입 구)부, 총 6획

덮어 가린(冂) 일정한 장소(一)에 사람(口)이 한자리에 모여 있는 것으로, '한가지, 함께'를 뜻한다.

丨 冂 冂 同 同 同

同 한가지 동				

- 同名(동명) : 이름이 같음. 또는 같은 이름.
- 同門(동문) : 한 스승에게서 같이 배운 제자.
- 協同(협동) : (어떠한 일을 함에) 마음과 힘을 합함.

名 : 이름 **명**　門 : 문 **문**　協 : 화할 **협**

色

훈 **빛** 음 **색**

색깔, 얼굴빛

色(빛 색)부, 총 6획

사람 인(⺈ · 人)과 병부절(巴 · 卩).
사람의 마음이 얼굴빛에 나타나는 것으로, '빛깔, 얼굴빛'을 뜻한다.

⺈ ⺈ ⺈ ⺈ 多 色

色 빛 색				

- 色盲(색맹) : 빛깔을 가려낼 능력을 잃은 상태. 또는 그런 사람.
- 色相(색상) : 빨강 · 파랑 등 사람이 느낄 수 있는 색의 종류.
- 色紙(색지) : 여러 가지 색으로 물들인 종이. 색종이.

盲 : 소경/눈멀 **맹**　相 : 서로 **상**　紙 : 종이 **지**

語話 말씀, 말하다.

語

훈 말씀 음 어

말하다, 알리다

言(말씀 언)부, 총 14획

홍중 ➡ 흫좀 ➡ 語

말씀 언(言)과 나 오(吾).
나의 의견을 말하는 것으로, '말씀, 말하다'를 뜻한다.

`丶 二 言 言 言 言 言 言 訂 許 語 語 語 語`

語
말씀 어

语
간체자

• 語不成說(어불성설) : 말하는 것이 전혀 이치에 맞지 않음.
• 語源(어원) : 그 말이 생기게 된 유래와 바탕.
• 語學(어학) : 언어를 연구하는 학문. 외국어를 배우는 일.

成 : 이룰 성   說 : 말씀 설, 달랠 세   源 : 근원 원   學 : 배울 학

話

훈 말씀 음 화

이야기

言(말씀 언)부, 총 13획

홍⬥ ➡ 흫舌 ➡ 話

말씀 언(言)과 혀 설(舌).
혀를 움직여 말하는 것으로, '말하다, 이야기'를 뜻한다.

`丶 二 言 言 言 言 言 訂 訂 訐 許 話 話`

話
말씀 화

• 話術(화술) : 이야기하는 기교. 말재주.
• 話者(화자) : 이야기하는 사람. 말하는 이   반 聽者(청자)
• 話題(화제) : 이야기의 소재. 이야깃거리.

術 : 재주 술   者 : 놈 자   聽 : 들을 청   題 : 제목 제

記重 기록하다. 무겁다, 중요하다.

記

훈 **기록할** 음 **기**

적다, 문서

言(말씀 언)부, 총 10획

홍욘 ➡ 言亡 ➡ 記

말씀 언(言)과 몸 기(己).
말을 다듬어 쓰거나 글을 쓰는 것으로, '기록하다' 를 뜻한다.

`  ㄴ  ㅌ  言  言  言  言  記  記  記`

記
기록할 기

- 記錄(기록) : 어떤 사실을 뒤에 남기려고 적음. 또는 그런 글.
- 記事(기사) : 사실을 적음. 기록된 사실.
- 記憶(기억) : 지난 일을 잊지 않고 외어둠.

錄 : 기록할 **록**   事 : 일 **사**   憶 : 생각할 **억**

重

훈 **무거울** 음 **중**

중요하다, 거듭하다

里(마을 리)부, 총 9획

❀ ➡ 重 ➡ 重

클 임(壬 : 땅에 서 있는 모습)과 동녘 동(東 : 등짐의 모양).
사람이 등에 무거운 짐을 지고 서 있는 것으로, '무겁다' 를 뜻한다.

`  ㄱ  ㅌ  수  卢  卢  盲  盲  重  重`

重
무거울 중

- 重大(중대) : 가볍게 여겨서는 안 될 만큼 크고 중요함.
- 重要(중요) : 매우 귀중하고 소중함. 큰 의미나 가치가 있음.
- 輕重(경중) : 가벼움과 무거움. 중요하지 아니한 것과 중요한 것.

大 : 큰 **대**   要 : 요긴한 **요**   輕 : 가벼울 **경**

育每 기르다. 매양, 항상.

育

_훈 기를 _음 육

키우다, 자라다, 낳다

月(ㅌ. 육달월)부, 총 8획

ㅎ + 冃 ➡ 育

아이 돌아나올 돌(云)과 몸 육(月·肉). 아기가 태어날 때 어머니 뱃속에서 나오는 것으로 '낳다, 기르다'를 뜻한다.

丶 一 ㄊ ㅊ 产 产 育 育

育
기를 육

• 育林(육림) : 나무를 심어 숲을 가꾸는 일.
• 育成(육성) : 길러서 자라게 함. 기르고 키움.
• 育英(육영) : 어린이나 청소년을 교육하는 일.

林 : 수풀 림   成 : 이룰 성   英 : 꽃부리 영

每

_훈 매양 _음 매

항상, 할 때마다

毋(말 무)부, 총 7획

十 + 冊 ➡ 每

싹날 철(丶·屮의 변형)과 어미 모(母 : 풍성하다).
풀의 싹이 잇달아 나오는 것으로, '매양'을 뜻한다.

丿 一 ㄣ 듐 每 每 每

每
매양 매

• 每番(매번) : 번번이. 여러 번 모두 다.
• 每事(매사) : 일마다. 모든 일. 여러 가지의 일.
• 每日(매일) : 하루하루의 모든 날.

番 : 차례 번   事 : 일 사   日 : 날 일

㉠ 이웃에 사는 민수와 나는 초등학교 5년을 同門修學하는 사이이다.

▶▶ 한 스승 밑에서, 또는 같은 학교에서 함께 학문을 닦고 배움.
또는 그 사람.

同	門	修	學
한가지 동	문 문	닦을 수	배울 학

예 운동회 기마전에서 청군 백군은 正正堂堂히 싸우기로 마음먹었다.

▶▶ 태도나 처지, 수단 따위가 꿀림이 없이 바르고 떳떳함을 일컫는 말.
공명 정대한 모습.

正	正	堂	堂
바를 정	바를 정	집 당	집 당

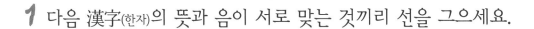

한자 연습 문제

1 다음 漢字(한자)의 뜻과 음이 서로 맞는 것끼리 선을 그으세요.

(1) 말씀 화 ·   · ❶ 紙

(2) 기를 육 ·   · ❷ 電

(3) 번개 전 ·   · ❸ 話

(4) 셈 수 ·   · ❹ 重

(5) 종이 지 ·   · ❺ 育

(6) 무거울 중 ·   · ❻ 數

2 다음의 〈보기〉와 같이 漢字(한자)의 뜻과 음을 써 보세요.

> 보기 主 → 주인 주

❶ 字 (   )   ❷ 算 (   )

❸ 活 (   )   ❹ 便 (   )

❺ 問 (   )   ❻ 氣 (   )

❼ 語 (   )   ❽ 直 (   )

❾ 花 (   )   ❿ 每 (   )

3 다음과 같은 뜻과 음을 가진 漢字(한자)를 써 보세요.

❶ 일백 백 (   )   ❷ 대답 답 (   )

❸ 기록할 기 (   )   ❹ 일천 천 (   )

❺ 풀 초 (   )   ❻ 빛 색 (   )

❼ 바를 정 (   )   ❽ 한가지 동 (   )

4 다음과 같은 뜻을 가진 漢字語(한자어)를 〈보기〉에서 찾아 써 보세요.

보기 花草 算數 電氣 活字 問答 便紙 正直

❶ 산술. 수나 도형의 기초적인 셈법.   (   )

❷ 물음과 대답. 두 사람 이상이 서로 묻고 대답하는 일. (   )

❸ 소식이나 용건을 적어 보내는 글.   (   )

❹ 말이나 행동이 거짓됨이 없이 참되고 바른 상태.   (   )

❺ 활판 인쇄에 쓰이는 일정한 규격의 글자.   (   )

❻ 꽃과 풀. 꽃이 피는 풀.   (   )

❼ 전자의 이동으로 생기는 에너지의 한 형태.   (   )

한자 실전 문제

1 다음 漢字語(한자어)의 讀音(독음:한자의 음)을 〈보기〉와 같이 써 보세요.

> **보기**　　　　　　　　登山 (등산)

❶ 活動 (　　　) 　❷ 便紙 (　　　) 　❸ 數學 (　　　)

❹ 百科 (　　　) 　❺ 問題 (　　　) 　❻ 氣象 (　　　)

❼ 正義 (　　　) 　❽ 草野 (　　　) 　❾ 同名 (　　　)

❿ 語源 (　　　) 　⓫ 育成 (　　　) 　⓬ 重要 (　　　)

2 다음 漢字(한자)의 訓(훈:뜻)과 音(음:소리)을 〈보기〉와 같이 써 보세요.

> **보기**　　　　　　　　車 → 수레 거·차

❶ 記 (　　　) 　❷ 數 (　　　) 　❸ 電 (　　　)

❹ 紙 (　　　) 　❺ 話 (　　　) 　❻ 育 (　　　)

❼ 重 (　　　) 　❽ 色 (　　　) 　❾ 千 (　　　)

3 다음에 알맞은 漢字(한자)를 〈보기〉에서 찾아 써 보세요.

> **보기**　　便　語　話　花　草　活　直　每　正

❶ 살 활 (　　　) 　❷ 꽃 화 (　　　) 　❸ 곧을 직 (　　　)

❹ 말씀 어 (　　　) 　❺ 편할 편, 똥오줌 변 (　　　) 　❻ 매양 매 (　　　)

4 다음 漢字(한자)와 반대 또는 상대 되는 漢字(한자)를 〈보기〉에서 찾아 써 보세요.

보기   後 曲線 客 重 同 話者 問 間

❶ (   ) ↔ 答(대답 답)   ❷ 直線(직선) ↔ (   )

❸ (   ) ↔ 聽者(청자)   ❹ (   ) ↔ 輕(가벼울 경)

❺ 前(앞 전) ↔ (   )   ❻ 主(주인/임금 주) ↔ (   )

5 다음에 알맞은 漢字語(한자어)의 뜻을 〈보기〉와 같이 써 보세요.

보기   出入 : 사람이 어느 곳을 드나듦

❶ 重大(중대) :

❷ 正答(정답) :

❸ 問安(문안) :

❹ 字典(자전) :

6 다음 □ 속에 알맞은 漢字(한자)를 〈보기〉에서 찾아 써 보세요.

보기   家 所 學 草 便 數 答 問

❶ 화장실. 대소변을 보는 곳 : □□

❷ 수에 대하여 연구하는 학문 : □□

❸ 묻는 말에 자기의 뜻을 나타냄 : 對□

❹ 짚이나 갈대 등으로 지붕을 인 집 : □□

便
편할 편, 똥오줌 변

紙
종이 지

活
살 활

字
글자 자

算
셈 산

數
셈 수

百						
일백 백	일백 백					

千						
일천 천	일천 천					

問						
물을 문	물을 문					

答						
대답 답	대답 답					

電						
번개 전	번개 전					

氣						
기운 기	기운 기					

正					
바를 정	바를 정				

直					
곧을 직	곧을 직				

花					
꽃 화	꽃 화				

草					
풀 초	풀 초				

同					
한가지 동	한가지 동				

色					
빛 색	빛 색				

語
말씀 어

話
말씀 화

記
기록할 기

重
무거울 중

育
기를 육

每
매양 매

자연의 질서, 동식물

본문의 漢字는 자연의 질서와 동식물과 관련된 글자들입니다.

自然 春夏 秋冬 天地 海空 江川
動物 植林 來世 農工 午夕 漢休

自然 사람의 힘을 가하지 않은, 원래 그대로의 상태.

自

훈 스스로 음 자

저절로, 자기

自(스스로 자)부, 총 6획

사람의 코 모양을 본뜬 글자. '나'를 말할 때 자신의 코를 가리켰기 때문에 '나, 자신, 스스로'를 뜻한다.

´ ⺅ ⺁ ⺁ 自 自

自
스스로 자

• 自己(자기) : 그 사람 자신.
• 自信(자신) : 자기의 능력이나 가치를 확신함. 스스로 믿음.
• 自由(자유) : 남의 강요나 간섭을 받지 않고 마음대로 함.

己 : 몸 기   信 : 믿을 신   由 : 말미암을 유

然

훈 그럴 음 연

맞다, 그러하면

火(灬. 불 화)부, 총 12획

개고기 연(狨)과 불 화(火·灬).
개고기는 불에 그을려 먹는 것으로, '그러하다'를 뜻한다.

´ ⺈ ⼣ ⼣ ⼥ 夗 妖 狨 狨 然 然 然

然
그럴 연

• 然後(연후) : 어떤 일을 하고 난 후. 그러한 뒤.
• 天然(천연) : 사람의 손이 가지 않은 상태.
• 必然(필연) : 그렇게 되는 수밖에 다른 도리가 없음.

後 : 뒤 후   天 : 하늘 천   必 : 반드시 필

94

春夏 봄과 여름.

春

훈 **봄**　음 **춘**

청춘, 젊은 때

日(날 일)부, 총 9획

艹 + 日 ➡ 春

햇볕(日)을 받아 풀의 싹(艸)이 무리지어 돋아나는 모양을 본뜬 글자로, '봄'을 뜻한다.

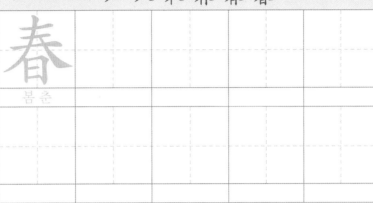

一 二 三 声 夫 表 春 春 春

春　봄춘

- 春期(춘기) : 봄의 시기. 春季(춘계).
- 春秋(춘추) : 봄과 가을. 윗사람의 '나이'를 높여 부르는 말.
- 春風(춘풍) : 봄바람. 3월부터 5월에 부는 바람.

期 : 기약할 **기**　季 : 계절 **계**　秋 : 가을 **추**　風 : 바람 **풍**

夏

훈 **여름**　음 **하**

하나라

夂(뒤져올 치)부, 총 10획

𦣻 + 夒 ➡ 夏

여름(夏)에는 이마(一)와 코(自)와 발(夊)이 더운 것으로, 더운 계절 '여름'을 뜻한다.

一 一 ㄱ 万 丆 丙 百 百 戸 夏 夏

夏　여름 하

- 夏季(하계) : 여름의 시기. 여름철.
- 夏至(하지) : 낮이 가장 길고 밤이 짧은 날.
- 夏服(하복) : 여름에 입는 옷. 여름옷.　반 冬服(동복)

至 : 이를 **지**　服 : 옷 **복**　冬 : 겨울 **동**

秋冬 가을과 겨울.

秋

훈 가을 음 추

결실, 세월

禾(벼 화)부, 총 9획

禾 + 火 ➡ 秋

벼 화(禾)와 불 화(火).
곡식을 햇볕에 말려 거두어들이는 계절로 '가을' 을 뜻한다.

一 二 千 千 禾 禾 秒 秋 秋

秋
가을 추

• 立秋(입추) : 24절기의 하나로, 가을이 시작됨.
• 秋夕(추석) : 우리나라의 명절, 한가위. 음력 8월 15일.
• 秋收(추수) : 가을에 익은 곡식을 거둬들이는 일.

夕 : 저녁 석 收 : 거둘 수

冬

훈 겨울 음 동

겨울을 지내다

冫(이수변)부, 총 5획

夂 冬 ➡ 夂冫 ➡ 冬

발(夂) 밑에 얼음(冫 : 얼음이 금 간 모양)이 어는 것으로, '겨울' 을 뜻한다.

ノ ク 夂 冬 冬

冬
겨울 동

• 冬眠(동면) : 동물이 땅 속 둥지에서 겨울을 나는 일.
• 冬至(동지) : 24절기의 하나. 밤이 가장 긴 날.
• 立冬(입동) : 겨울이 시작되는 날.

眠 : 잘 면 至 : 이를 지 立 : 설 립

天地 하늘과 땅. 온 세상. 어떤 것이 대단히 많음.

天

一 + 大 → 天

한 일(一)과 큰 대(大).
사람(大)의 머리 위(一), 넓은 '하늘' 을 뜻한다.

一 二 干 天

훈 **하늘** 음 **천**

천체, 하느님, 임금

大(큰 대)부, 총 4획

하늘 천

- 天倫(천륜) : 부자(父子) · 형제(兄弟) 사이의 마땅히 지켜야 할 도리.
- 天命(천명) : 하늘의 명령. 하늘이 내린 목숨.
- 天使(천사) : 하느님의 심부름꾼. 착하고 마음씨 고운 사람.

倫 : 인륜 **륜**   命 : 목숨 **명**   使 : 하여금/부릴 **사**

地

土 + 也 → 地

흙 토(土)와 있을 야(也 : 꿈틀대는 전갈 모양).
큰 뱀이 꿈틀거리듯 구불구불한 형상인 '따(땅)' 을 뜻한다.

一 十 土 圠 圳 地

훈 **따(땅)** 음 **지**

육지, 곳, 바탕

土(흙 토)부, 총 6획

따(땅) 지

- 地理(지리) : 어떤 곳의 지형이나 길 등의 형편. 지구상의 현상이나 상태.
- 地名(지명) : 땅의 이름. 지방 · 지역 등의 이름.
- 地方(지방) : 어느 한 방면의 땅. 한 나라의 수도나 대도시 이외의 고장.

理 : 다스릴 **리**   名 : 이름 **명**   方 : 모 **방**

海空 바다. 비다, 공중(하늘).

海

훈 **바다** 음 **해**

크다, 넓다

氵(삼수변)부, 총 10획

氵 + 每 ➡ 海

물 수(氵·水)와 매양 매(每).
물이 마르지 않고 매양(항상) 가득 차 있는 곳, '바다'를 뜻한다.

丶 丶 氵 氵 汇 泸 海 海 海 海

海
바다 해

• 海軍(해군) : 바다를 지키기 위한 군대.
• 海女(해녀) : 해산물을 캐는 것을 직업으로 하는 여자.
• 海域(해역) : 바다의 일정한 구역. 어떤 범위 안의 바다.

軍 : 군사 **군**   女 : 계집 **녀**   域 : 지경 **역**

空

훈 **빌** 음 **공**

하늘, 공중, 헛되다

穴(구멍 혈)부, 총 8획

穴 ➡ 宧 ➡ 空

구멍 혈(穴)과 장인(만들) 공(工).
속이 비어 있는 구멍으로 '비어 있다'를 뜻한다.

丶 丶 宀 宀 穴 空 空 空

空
빌 공

• 空間(공간) : 아무것도 없이 비어 있는 곳. 빈 곳.
• 空軍(공군) : 항공기를 사용하여 공중 전투와 폭격 등의 공격·방어
   임무를 맡은 군대.   반 海軍(해군)
• 空中(공중) : 하늘과 땅 사이의 빈 곳.

江川 강과 내.

江

훈 강 **음** 강

큰 내, 강 이름

氵(삼수변)부, 총 6획

𣲘 ➡ 江

땅을 뚫고(工) 흐르는 큰 물(水·氵)이라는 뜻에서 '강, 큰 내'를 뜻한다.

丶 丶 氵 氵 汀 江

江				
강 강				

- 江南(강남) : 강의 남쪽 지역, 따뜻한 지역을 일컬음. **반** 江北(강북)
- 錦繡江山(금수강산) : 비단에 수를 놓은 듯이 아름다운 산천(山川)이라는 뜻으로, 우리나라를 비유함.

南 : 남녘 **남** 北 : 북녘 **북**, 달아날 **배** 錦 : 비단 **금** 繡 : 수놓을 **수**

川

훈 내 **음** 천

물 흐름의 총칭, 들판

川(내 천)부, 총 3획

𝇍 ➡ 川 ➡ 川

양쪽 기슭(언덕) 사이로 물이 흘러가는 모양을 본뜬 글자.

丿 丿丨 川

川				
내 천				

- 川谷(천곡) : 내와 골짜기.
- 川邊(천변) : 냇가, 개천가.
- 山川(산천) : 산과 내. '자연'을 일컫는 말.

谷 : 골 **곡** 邊 : 가 **변** 山 : 메 **산**

動物 감각 기능을 가지고서 스스로 움직이는 생물.

動

훈 움직일   음 동

옮기다, 일하다

力(힘 력)부, 총 11획

重🐦 ➡ 重🐦 ➡ 動

무거울 중(重)과 힘 력(力).
무거운 것을 힘으로 '움직이는' 것을 뜻한다.

丶 二 千 千 台 台 重 重 動 動

動
움직일 동

动
간체자

• 動力(동력) : 전력 · 수력 · 풍력 등을 이용해 기계를 움직이는 힘.
• 動作(동작) : 무슨 일을 하려고 몸을 움직임.
• 運動(운동) : 몸을 단련하거나 건강을 위하여 몸을 움직이는 일.

力 : 힘 력   作 : 지을 작   運 : 옮길 운

物

훈 물건   음 물

만물, 사물

牛(소 우)부, 총 8획

牛 + 勿 ➡ 物

소 우(牛)와 말(금지) 물(勿).
부정을 씻어 산 제물로 바쳤던 소에서 '물건'을 뜻한다.

丿 牛 牛 牛 牜 物 物 物

物
물건 물

• 物價(물가) : 물건 값. 상품의 시장 가격. 시세.
• 物件(물건) : 일정한 형체를 갖춘 모든 물질적 대상. 상품.
• 物品(물품) : 어떤 용도에 쓰이는 물건.

價 : 값 가   件 : 물건 건   品 : 물건 품

植林　심다. 수풀.

植

훈 **심을**　음 **식**

식물, 초목

木(나무 목)부, 총 12획

木 + 直 ➡ 植

나무 목(木)과 곧을 직(直). 나무 등 초목은 곧게 세워 심어야 잘 자라는 것으로, '심다' 를 뜻한다.

一 十 オ オ オ 朾 朾 柿 柿 柿 植 植

植
심을 식

植
간체자

- 植木(식목) : 나무를 심음. 또는 심은 나무.
- 植物(식물) : 줄기, 뿌리, 잎 등을 갖추고 있는 나무나 풀.
- 植民地(식민지) : 다른 나라의 지배를 받고 있는 나라.

木 : 나무 **목**　物 : 물건 **물**　民 : 백성 **민**　地 : 따(땅) **지**

林

훈 **수풀**　음 **림**

숲, 들, 모임

木(나무 목)부, 총 8획

樆 ➡ 林 ➡ 林

나무 목(木)을 짝지어 놓은 것으로, 나무가 많은 '숲' 을 뜻한다.

一 十 オ 木 オ 杊 材 林

林
수풀 림

- 林野(임야) : 나무가 무성한 숲과 벌판.
- 林業(임업) : 나무를 가꾸고 베어내는 산업.
- 密林(밀림) : 나무들이 빽빽하게 들어선 깊은 숲.

野 : 들 **야**　業 : 업 **업**　密 : 빽빽할 **밀**

來世 죽은 뒤에 다시 태어나 산다는 미래의 세상.

훈 올 음 래

돌아오다, 부르다

人(사람 인)부, 총 8획

익은 보리 이삭이 매달려 처져 있는 모양을 본뜬 글자.
보리는 하늘이 내린 곡식으로 여겨, '오다'를 뜻한다.

一 ァ ァ ァ ァ ァ 來 來 來

來
올 래

来
간체자

• 來歷(내력) : 어떤 사물이 지나온 자취.
• 來往(내왕) : 오고 가고 함. 서로 사귀고 친하게 지냄. 往來(왕래).
• 來日(내일) : 오늘의 바로 다음 날. 明日(명일).

歷 : 지날 력　往 : 갈 왕　日 : 날 일　明 : 밝을 명

훈 인간 음 세

세대, 세상

一(한 일)부, 총 5획

열 십(十)을 세 번 합쳐 놓은 글자로 '30년, 한 세대'를 뜻한다.
또는 나무 줄기에 잎이 많이 달린 것을 본뜬 글자.

一 十 廿 廿 世

世
인간 세

• 世界(세계) : 지구상의 모든 나라. 어떤 분야의 사회.
• 世代(세대) : 여러 대(代). 한 시대. 약 30년.
• 世上(세상) : 지구(地球). 사람이 살고 있는 모든 사회.

界 : 지경 계　代 : 대신 대　上 : 윗 상　球 : 공 구

農工 농업과 공업, 또는 농부와 직공.

農

﨤⼝⼪ → ⽥⾖ → 農

밭(田·曲)에 나가 일을 할 때는 별(辰)을 보며 일을 한다는 것으로,
'농사'를 뜻한다.

丨 冂 曰 曲 曲 曲 曲 严 严 严 農 農 農

훈 **농사** 음 **농**

농부, 농사짓다

辰(별 진)부, 총 13획

農 농사 농

农 간체자

- 農夫(농부) : 농사 일을 하는 남자.
- 農事(농사) : 농작물을 심고 가꾸고 거두어들이는 일.
- 農作物(농작물) : 농사로 논이나 밭에 심어서 가꾸는 식물.

夫 : 지아비 **부**   事 : 일 **사**   作 : 지을 **작**   物 : 물건 **물**

工

⌐ → ⼯ → 工

목수가 사용하는 자(곱자) 모양을 본뜬 글자.

一 T 工

훈 **장인** 음 **공**

솜씨, 일, 만들다

工(장인 공)부, 총 3획

工 장인 공

- 工夫(공부) : 학문이나 기술을 배우거나 닦음.
- 工事(공사) : 건물·다리·길 등을 짓거나 놓거나 고치는 일.
- 工藝品(공예품) : 실용적이면서 예술적 가치가 있게 만든 물품.

藝 : 재주 **예**   品 : 물건 **품**

 午夕 한낮과 저녁.

 절구질을 할 때 들어올린 절굿공이의 모양을 본뜬 글자.
12지(支)의 일곱 번째, 또는 '낮'을 뜻한다.

	丿 ﾉ ┝ 午				
午	午				
_{낮 오}	_{낮 오}				

훈 **낮** 음 **오**

한낮, 일곱째 지지

十(열 십)부, 총 4획

- 午前(오전) : 아침부터 정오(正午)까지의 동안.
- 午後(오후) : 정오(正午)로부터 밤 12시까지의 동안.
- 正午(정오) : 낮 12시.

前 : 앞 **전**   正 : 바를 **정**   後 : 뒤 **후**

달 월(月)에서 한 획을 뺀 모양으로 해가 지고 달이 뜨려고 할
무렵의 '저녁'을 뜻한다.

夕	丿 ﾉ 夕				
夕	夕				
_{저녁 석}	_{저녁 석}				

훈 **저녁** 음 **석**

저물다, 밤

夕(저녁 석)부, 총 3획

- 夕刊(석간) : 저녁에 발행된 신문.   ⑪朝刊(조간)
- 夕陽(석양) : 저녁 해. 저녁 나절의 해. 황혼.
- 朝夕(조석) : 아침과 저녁. 아침밥과 저녁밥.

刊 : 새길 **긴**   朝 : 아침 **조**   陽 : 볕 **양**   朝 : 아침 **조**

漢休　한수, 한나라. 쉬다, 그치다.

漢

훈 **한수/한나라** 음 **한**

사나이

氵(삼수변)부, 총 14획

氵黃 ➡ 氵黃 ➡ 漢

물 수(氵·水)와 진흙 근(菓·堇).
진흙이 많은 중국 양자강 상류의 '한수(漢水)'를 뜻한다.

丶丶氵氵汁汁汁汁淓淓淓淓漢漢

漢
한수/한나라 한

汉
간체자

- 漢江(한강) : 우리나라 중부를 흐르는 강.
- 漢文(한문) : 중국 한나라의 문장. 한자로 쓰여진 글.
- 惡漢(악한) : 몹시 나쁜 짓을 하는 사람.

江 : 강 **강**　文 : 글월 **문**　惡 : 악할 **악**, 미워할 **오**

休

훈 **쉴** 음 **휴**

그치다, 아름답다

亻(사람인변)부, 총 6획

亻 + 木 ➡ 休

사람 인(亻·人)과 나무 목(木).
사람이 나무 그늘 밑에서 쉬고 있는 모양을 본뜬 글자.

丿亻亻什什休

休
쉴 휴

- 休校(휴교) : 학교에서 수업을 한동안 쉼.
- 休息(휴식) : 하던 일을 멈추고 잠깐 동안 쉼.
- 休日(휴일) : 일요일이나 공휴일과 같이 일을 하지 않고 쉬는 날.

校 : 학교 **교**　息 : 쉴 **식**　日 : 날 **일**

예 가을은 天高馬肥의 계절로 온 들녘이 풍성하게 황금물결로 넘실댄다.

▶▶ '하늘은 높고 말은 살찐다' 는 뜻으로, 풍성한 가을의 좋은 시절. 또는 활동하기 좋은 계절을 말한다.

天	高	馬	肥
하늘 천	높을 고	말 마	살찔 비

예 우리나라는 예로부터 쌀 농사를 소중히 여겨 *農者天下之大本* 으로 삼았다.

▶▶ '농사는 온 세상 사람들이 생활해 나가는 근본이다' 라는 뜻으로, 농업을 장려하는 말로 쓰인다.

農	者	天	下	之	大	本
농사 농	놈 자	하늘 천	아래 하	갈 지	큰 대	근본 본

107

한자 연습 문제

1 다음 漢字(한자)의 뜻과 음이 서로 맞는 것끼리 선을 그으세요.

(1) 한수/한나라 **한** ·   · ❶ 海

(2) 심을 **식** ·   · ❷ 然

(3) 움직일 **동** ·   · ❸ 夏

(4) 바다 **해** ·   · ❹ 漢

(5) 여름 **하** ·   · ❺ 植

(6) 그럴 **연** ·   · ❻ 動

2 다음의 〈보기〉와 같이 漢字(한자)의 뜻과 음을 써 보세요.

보기   花 ➡ 꽃 화

❶ 休 (   )   ❷ 冬 (   )

❸ 江 (   )   ❹ 天 (   )

❺ 地 (   )   ❻ 空 (   )

❼ 自 (   )   ❽ 川 (   )

❾ 春 (   )   ❿ 物 (   )

3 다음과 같은 뜻과 음을 가진 漢字(한자)를 써 보세요.

❶ 수풀 림 (   )   ❷ 인간 세 (   )

❸ 저녁 석 (   )   ❹ 올 래 (   )

❺ 낮 오 (   )   ❻ 농사 농 (   )

❼ 가을 추 (   )   ❽ 장인 공 (   )

4 다음과 같은 뜻을 가진 漢字語(한자어)를 〈보기〉에서 찾아 써 보세요.

보기 世上 農事 休日 海軍 春夏秋冬 天地 自然

❶ 봄 · 여름 · 가을 · 겨울, 곧 사계절.   (   )

❷ 하늘과 땅. 온 세상.   (   )

❸ 사람의 힘을 가하지 않은, 원래 그대로의 상태. (   )

❹ 바다를 지키기 위한 군대.   (   )

❺ 농작물을 심고 가꾸고 거두어들이는 일.   (   )

❻ 지구. 사람이 살고 있는 모든 사회.   (   )

❼ 일요일이나 공휴일과 같이 일을 하지 않고 쉬는 날. (   )

한자 실전 문제

1 다음 漢字語(한자어)의 讀音(독음:한자의 음)을 〈보기〉와 같이 써 보세요.

> **보기**   正直 (정직)

❶ 來日 (　　　)　　❷ 世界 (　　　)　　❸ 正午 (　　　)

❹ 農事 (　　　)　　❺ 地理 (　　　)　　❻ 天使 (　　　)

❼ 自由 (　　　)　　❽ 秋夕 (　　　)　　❾ 物件 (　　　)

❿ 空間 (　　　)　　⓫ 動物 (　　　)　　⓬ 工夫 (　　　)

2 다음 漢字(한자)의 訓(훈:뜻)과 音(음:소리)을 〈보기〉와 같이 써 보세요.

> **보기**   字 → 글자 자

❶ 秋 (　　　)　　❷ 然 (　　　)　　❸ 夏 (　　　)

❹ 漢 (　　　)　　❺ 來 (　　　)　　❻ 海 (　　　)

❼ 動 (　　　)　　❽ 農 (　　　)　　❾ 植 (　　　)

3 다음에 알맞은 漢字(한자)를 〈보기〉에서 찾아 써 보세요.

> **보기**   川　江　冬　春　空　地　天　世

❶ 봄 춘 (　　　)　　❷ 따(땅) 지 (　　　)　　❸ 인간 세 (　　　)

❹ 내 천 (　　　)　　❺ 겨울 동 (　　　)　　❻ 빌 공 (　　　)

4 다음 漢字(한자)와 반대 또는 상대 되는 漢字(한자)를 〈보기〉에서 찾아 써 보세요.

보기 夕 海軍 江南 天 主 冬服

❶ (   ) ↔ 地(따(땅) 지)   ❷ 夏服(하복) ↔ (   )

❸ 空軍(공군) ↔ (   )   ❹ 朝(아침 조) ↔ (   )

❺ (   ) ↔ 客(손 객)   ❻ (   ) ↔ 江北(강북)

5 다음에 알맞은 漢字語(한자어)의 뜻을 〈보기〉와 같이 써 보세요.

보기 活字 : 활판 인쇄에 쓰이는 일정한 규격의 글자.

❶ 天使(천사) :

❷ 山川(산천) :

❸ 秋夕(추석) :

❹ 春風(춘풍) :

6 다음 □ 속에 알맞은 漢字(한자)를 〈보기〉에서 찾아 써 보세요.

보기 天 物 校 敎 植 休 木 國 林

❶ 학교에서 수업을 한동안 쉼 : □□

❷ 어떤 용도에 쓰이는 물건 : □品

❸ 나무를 심음. 또는 심은 나무 : □□

❹ 살기 좋은 나라. 죽은 후에 가는 축복의 나라 : □□

111

自	自					
스스로 자	스스로 자					

然	然					
그럴 연	그럴 연					

春	春					
봄 춘	봄 춘					

夏	夏					
여름 하	여름 하					

秋	秋					
가을 추	가을 추					

冬	冬					
겨울 동	겨울 동					

天	天						
하늘 천	하늘 천						

地	地						
따(땅) 지	따(땅) 지						

海	海						
바다 해	바다 해						

空	空						
빌 공	빌 공						

江	江						
강 강	강 강						

川	川						
내 천	내 천						

動	動				
움직일 동	움직일 동				

物	物				
물건 물	물건 물				

植	植				
심을 식	심을 식				

林	林				
수풀 림	수풀 림				

來	來				
올 래	올 래				

世	世				
인간 세	인간 세				

農	農					
농사 농	농사 농					

工						
장인 공	장인 공					

午						
낮 오	낮 오					

夕						
저녁 석	저녁 석					

漢	漢					
한수/한나라 한	한수/한나라 한					

休	休					
쉴 휴	쉴 휴					

제1장 · 함께 하는 가정 생활

연습 문제

1 (1)❸ (2)❺ (3)❶ (4)❻ (5)❷ (6)❹ **2** ❶이름 명 ❷안 내 ❸길 도 ❹평평할 평 ❺설 립 ❻지아비 부 ❼입 구 ❽살 주 ❾집 가 ❿편안 안 **3** ❶老 ❷有 ❸男 ❹少 ❺事 ❻子 ❼文 ❽全 **4** ❶孝道 ❷心氣 ❸方正 ❹住所 ❺事件 ❻不幸 ❼全能

실전 문제

1 ❶가훈 ❷식구 ❸전국 ❹문물 ❺방향 ❻주거 ❼평화 ❽노약자 ❾소년 ❿안녕 ⓫내용 ⓬조국 **2** ❶할아비 조 ❷효도 효 ❸늙을 로 ❹성 성 ❺밥/먹을 식 ❻일 사 ❼설 립 ❽마음 심 ❾발 족 **3** ❶命 ❷少 ❸家 ❹全 ❺孝 ❻不 **4** ❶外 ❷下 ❸少 ❹女 ❺可 ❻大 **5** ❶마음에 걱정이 없거나 아무 탈 없이 평화로움. ❷대대로 한 핏줄을 이어오는, 할아버지 이전의 어른. ❸음식을 먹음. ❹성과 이름. 이름. **6** ❶心身 ❷住 ❸文 ❹有口

제2장 · 사회 생활의 여유

연습 문제

1 (1)❸ (2)❺ (3)❶ (4)❻ (5)❷ (6)❹ **2** ❶힘 력 ❷날 출 ❸수레 거 · 차 ❹골 동, 밝을 통 ❺앞 전 ❻바 소 ❼때 시 ❽손 수 ❾낮 면 ❿저자 시 **3** ❶里 ❷間 ❸後 ❹右 ❺左 ❻入 ❼下 ❽主 **4** ❶間食 ❷力量 ❸入學 ❹市場 ❺下校 ❻出生 ❼所願

실전 문제

1 ❶시간 ❷전후 ❸면담 ❹이장 ❺장소 ❻입구 ❼등산 ❽주객 ❾역도 ❿수족 ⓫국기 ⓬출발 **2** ❶고을 읍 ❷마을 리 ❸마당 장 ❹주인/임금 주 ❺사이 간 ❻뒤 후 ❼왼 좌 ❽오를/오른 우 ❾힘 력 **3** ❶時 ❷登 ❸洞 ❹旗 ❺歌 ❻車 **4** ❶登校 ❷出口 ❸右 ❹前 ❺入 ❻主 **5** ❶어느 시각과 시각의 사이. 시각. ❷어떤 일이 이루어지거나 일어나는 곳. ❸노래하는 것을 직업으로 가진 사람. ❹페달을 밟아 뒷바퀴를 돌려서 앞으로 나가는 차. **6** ❶市 ❷入場 ❸手足 ❹登

제3장 · 문화적인 삶의 지혜

연습 문제

1 (1)❸ (2)❺ (3)❷ (4)❻ (5)❶ (6)❹ 2 ❶글자 자 ❷셈 산 ❸살 활 ❹편할 편, 똥오줌 변 ❺물을 문 ❻기운 기 ❼말씀 어 ❽곧을 직 ❾꽃 화 ❿매양 매 3 ❶百 ❷答 ❸記 ❹千 ❺草 ❻色 ❼正 ❽同 4 ❶算數 ❷問答 ❸便紙 ❹正直 ❺活字 ❻花草 ❼電氣

실전 문제

1 ❶활동 ❷편지 ❸수학 ❹백과 ❺문제 ❻기상 ❼정의 ❽초야 ❾동명 ❿어원 ⓫육성 ⓬중요 2 ❶기록할 기 ❷셈 수 ❸번개 전 ❹종이 지 ❺말씀 화 ❻기를 육 ❼무거울 중 ❽빛 색 ❾일천 천 3 ❶活 ❷花 ❸直 ❹語 ❺便 ❻每 4 ❶間 ❷曲線 ❸話者 ❹重 ❺後 ❻客 5 ❶가볍게 여겨서는 안 될 만큼 크고 중요함. ❷옳은 답. ❸웃어른께 안부를 여쭘. ❹한자를 일정한 순서로 배열하고 글자의 음과 뜻을 풀이한 책. 6 ❶便所 ❷數學 ❸答 ❹草家

제4장 · 자연의 질서, 동식물

연습 문제

1 (1)❹ (2)❺ (3)❻ (4)❶ (5)❸ (6)❷ 2 ❶쉴 휴 ❷겨울 동 ❸강 강 ❹하늘 천 ❺따(땅) 지 ❻빌 공 ❼스스로 자 ❽내 천 ❾봄 춘 ❿물건 물 3 ❶林 ❷世 ❸夕 ❹來 ❺午 ❻農 ❼秋 ❽工 4 ❶春夏秋冬 ❷天地 ❸自然 ❹海軍 ❺農事 ❻世上 ❼休日

실전 문제

1 ❶내일 ❷세계 ❸정오 ❹농사 ❺지리 ❻천사 ❼자유 ❽추석 ❾물건 ❿공간 ⓫동물 ⓬공부 2 ❶가을 추 ❷그럴 연 ❸여름 하 ❹한수/한나라 한 ❺올 래 ❻바다 해 ❼움직일 동 ❽농사 농 ❾심을 식 3 ❶春 ❷地 ❸世 ❹川 ❺冬 ❻空 4 ❶天 ❷冬服 ❸海軍 ❹夕 ❺主 ❻江南 5 ❶하느님의 심부름꾼. ❷산과 내. ❸우리나라의 명절, 한가위. 음력 8월 15일. ❹봄바람. 3월부터 5월에 부는 바람. 6 ❶休校 ❷物 ❸植木 ❹天國

부록

보충학습

1 뜻이 서로 반대 또는 상대되는 한자

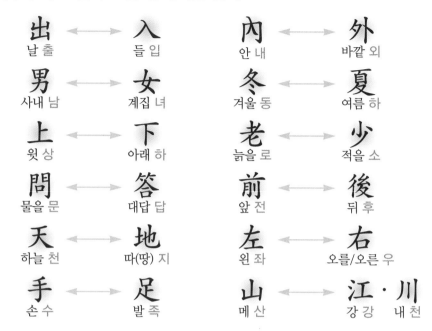

出 날 출 ←→ 入 들 입　　内 안 내 ←→ 外 바깥 외

男 사내 남 ←→ 女 계집 녀　　冬 겨울 동 ←→ 夏 여름 하

上 윗 상 ←→ 下 아래 하　　老 늙을 로 ←→ 少 적을 소

問 물을 문 ←→ 答 대답 답　　前 앞 전 ←→ 後 뒤 후

天 하늘 천 ←→ 地 따(땅) 지　　左 왼 좌 ←→ 右 오를/오른 우

手 손 수 ←→ 足 발 족　　山 메 산 ←→ 江·川 강 강 내 천

2 동자이음(同字異音)

글자는 같으나 음이 다른 경우를 말한다.

| 不 | 아닐 불 | 不安(불안), 不平(불평) |
| | 아닐 부 | 不動(부동), 不正(부정) |

| 洞 | 골 동 | 洞里(동리), 洞口(동구) |
| | 밝을 통 | 洞察(통찰) |

| 車 | 수레 거 | 車馬(거마), 自轉車(자전거) |
| | 수레 차 | 車道(차도), 車票(차표) |

| 便 | 편할 편 | 便紙(편지), 便安(편안) |
| | 똥오줌 변 | 便所(변소) |

3 두음법칙

첫소리가 'ㄴ'이나 'ㄹ'인 한자가 단어의 첫머리에 올 때, 독음이 'ㅇ'이나 'ㄴ'으로 바뀌는 것을 말한다.

① 'ㄹ'이 'ㄴ'으로 바뀌는 경우

老 늙을 로	年老(연로), 村老(촌로) 老年(노년), 老母(노모)
來 올 래	外來(외래), 往來(왕래) 來年(내년), 來日(내일)

② 'ㄹ'이 'ㅇ'으로 바뀌는 경우

力 힘 력	主力(주력), 有力(유력) 力不足(역부족), 力道(역도)
立 설 립	中立(중립), 國立(국립) 立春(입춘), 立夏(입하)

③ 'ㄴ'이 'ㅇ'으로 바뀌는 경우

女 계집 녀	子女(자녀), 少女(소녀) 女子(여자), 女人(여인)
年 해 년	每年(매년), 中年(중년) 年金(연금), 年老(연로)

見物生心
견 물 생 심
見(볼 **견**) + 物(물건 **물**) + 生(날 **생**) + 心(마음 **심**)
물건을 보면 그것을 가지고 싶은 욕심이 생김을
일컫는 말.

九死一生
구 사 일 생
九(아홉 **구**) + 死(죽을 **사**) + 一(한 **일**) + 生(날 **생**)
여러 차례 죽을 고비에서 겨우 살아남은 경우를
이르는 말.

男女老少
남 녀 노 소
男(사내 **남**) + 女(계집 **녀**) + 老(늙을 **로**) + 少(적을 **소**)
남자와 여자, 늙은이와 젊은이. 모든 사람을 가리키는
말.

東問西答
동 문 서 답
東(동녘 **동**) + 問(물을 **문**) + 西(서녘 **서**) + 答(대답 **답**)
묻는 말에 대하여 엉뚱한 대답을 할 때 쓰는 말.

百發百中
백 발 백 중
百(일백 **백**) + 發(필 **발**) + 百(일백 **백**) + 中(가운데 **중**)
총알을 백 발 쏘아서 다 맞춘다는 말로, 무엇이든 다
잘 될 때를 이르는 말.

一石二鳥
일 석 이 조
一(한 **일**) + 石(돌 **석**) + 二(두 **이**) + 鳥(새 **조**)
한 가지 일로 두 가지 이익을 얻는 경우를 이르는 말.

八方美人
팔 방 미 인
八(여덟 **팔**) + 方(모 **방**) + 美(아름다울 **미**) + 人(사람 **인**)
여러 방면에서 뛰어나거나, 어느 모로 보아도 아름다
운 사람을 가리키는 말.

不老長生
불 로 장 생
不(아닐 **불**) + 老(늙을 **로**) + 長(긴 **장**) + 生(날 **생**)
늙지 않고 오래오래 삶.

不事二君
불 사 이 군
不(아닐 **불**) + 事(일 **사**) + 二(두 **이**) + 君(임금 **군**)
한 사람이 두 임금을 섬기지 아니함.

四面春風
사 면 춘 풍
四(넉 **사**) + 面(낯 **면**) + 春(봄 **춘**) + 風(바람 **풍**)
'사면이 춘풍' 이라는 뜻으로, 누구에게나 다 좋도록
처세하는 일. 또는 그런 사람.

人命在天
인 명 재 천
人(사람 **인**) + 命(목숨 **명**) + 在(있을 **재**) + 天(하늘 **천**)
사람이 오래 살고 죽음이 다 하늘에 매여 있음.

一日三秋
일 일 삼 추
一(한 **일**) + 日(날 **일**) + 三(석 **삼**) + 秋(가을 **추**)
'하루가 삼 년 같다' 라는 뜻으로, 몹시 지루하거나
애태우며 기다림의 비유.

天方地軸
천 방 지 축
天(하늘 **천**) + 方(모 **방**) + 地(따(땅) **지**) + 軸(굴대 **축**)
어리석은 사람이 종작없이 덤벙이는 일. 또는 너무
급박하여 방향을 잡지 못하고 함부로 날뛰는 일.

行方不明
행 방 불 명
行(다닐 **행**) + 方(모 **방**) + 不(아닐 **불**) + 明(밝을 **명**)
간 곳이 분명하지 않음. 간 곳을 모름.

7급 배정 한자 100자

家 집 가	歌 노래 가	間 사이 간	江 강 강	車 수레 거·차
工 장인 공	空 빌 공	口 입 구	旗 기 기	記 기록할 기
氣 기운 기	男 사내 남	內 안 내	農 농사 농	答 대답 답
道 길 도	冬 겨울 동	洞 골 동, 밝을 통	動 움직일 동	同 한가지 동
登 오를 등	來 올 래	力 힘 력	老 늙을 로	里 마을 리
林 수풀 림	立 설 립	每 매양 매	面 낯 면	名 이름 명
命 목숨 명	文 글월 문	問 물을 문	物 물건 물	方 모 방
百 일백 백	夫 지아비 부	不 아닐 불·부	事 일 사	算 셈 산
上 윗 상	色 빛 색	夕 저녁 석	姓 성 성	世 인간 세
少 적을 소	所 바 소	手 손 수	數 셈 수	市 저자 시

時 때 시	食 밥/먹을 식	植 심을 식	心 마음 심	安 편안 안
語 말씀 어	然 그럴 연	午 낮 오	右 오를/오른 우	有 있을 유
育 기를 육	邑 고을 읍	入 들 입	子 아들 자	字 글자 자
自 스스로 자	場 마당 장	全 온전 전	前 앞 전	電 번개 전
正 바를 정	祖 할아비 조	足 발 족	左 왼 좌	主 주인/임금 주
住 살 주	重 무거울 중	地 따(땅) 지	紙 종이 지	直 곧을 직
千 일천 천	天 하늘 천	川 내 천	草 풀 초	村 마을 촌
秋 가을 추	春 봄 춘	出 날 출	便 편할 편, 똥오줌 변	平 평평할 평
下 아래 하	夏 여름 하	漢 한수/한나라 한	海 바다 해	花 꽃 화
話 말씀 화	活 살 활	孝 효도 효	後 뒤 후	休 쉴 휴

한자능력검정시험 안내

주 관	사단법인 한국어문회
시 행	한국한자능력검정회
구 분	• 교육급수 : 8급 · 7급 · 6급Ⅱ · 6급 · 5급 · 4급Ⅱ · 4급
	• 공인급수 : 3급Ⅱ · 3급 · 2급 · 1급
급수별 합격기준	1급은 출제 문항수의 80% 이상, 2급~8급은 70% 이상 득점하면 합격입니다.

급수별 합격 기준	8급	7급	6급Ⅱ	6급	5급	4급Ⅱ	4급	3급Ⅱ	3급	2급	1급
출제 문항수	50	70	80	90	100	100	100	150	150	150	200
합격 문항수	35	49	56	63	70	70	70	105	105	105	160
시험 시간(분)				50					60		90

유형별 출제 문항수

• 상위급수 한자는 모두 하위급수 한자를 포함하고 있습니다.

• 쓰기 배정 한자는 한두 아래 급수의 읽기 배정 한자이거나 그 범위 내에 있습니다.

• 아래의 출제 유형 기준표는 기본 지침 자료로서 출제자의 의도에 따라 약간의 차이가 있을 수 있습니다.

유형별 출제 문항수	8급	7급	6급Ⅱ	6급	5급	4급Ⅱ	4급	3급Ⅱ	3급	2급	1급
읽기 배정 한자	50	150	225	300	500	750	1,000	1,500	1,817	2,355	3,500
쓰기 배정 한자	0	0	50	150	300	400	500	750	1,000	1,817	2,005
독 음	24	32	32	33	35	35	32	45	45	45	50
훈 음	24	30	29	22	23	22	22	27	27	27	32
장단음	0	0	0	0	0	0	3	5	5	5	10
반의어	0	2	2	3	3	3	3	10	10	10	10
완성형	0	2	2	3	4	5	5	10	10	10	15
부 수	0	0	0	0	0	3	3	5	5	5	10
동의어	0	0	0	2	3	3	3	5	5	5	10
동음이의어	0	0	0	2	3	3	3	5	5	5	10
뜻풀이	0	2	2	2	3	3	3	5	5	5	10
약 자	0	0	0	0	3	3	3	3	3	3	3
한자쓰기	0	0	10	20	20	20	20	30	30	30	40

※ 이 외에 한국한자급수자격평가원 검정시험, 대한민국한자급수자격검정회 검정시험, 한국외국어자격평가원 검정시험 등이 있습니다.

[제1회] 한자능력검정시험 7급 예상 문제

1. 다음 글을 읽고 漢字語(한자어)의 讀音(독음)을 쓰세요. (1~33)

예	漢字 → 한자

1 祖上 [   ]   2 四方 [   ]   3 村長 [   ]

4 下山 [   ]   5 文學 [   ]   6 登校 [   ]

7 內外 [   ]   8 中心 [   ]   9 海女 [   ]

10 動物 [   ]   11 農土 [   ]   12 主力 [   ]

13 老少 [   ]   14 住民 [   ]   15 國旗 [   ]

16 便紙 [   ]   17 市邑 [   ]   18 出入 [   ]

19 花草 [   ]   20 重大 [   ]   21 算數 [   ]

22 男子 [   ]   23 江川 [   ]   24 百千 [   ]

25 活字 [   ]   26 詩間 [   ]   27 里長 [   ]

28 食事 [   ]   29 場所 [   ]   30 山林 [   ]

31 自然 [   ]   32 天地 [   ]   33 電氣 [   ]

2. 다음 漢字(한자)의 訓(훈:뜻)과 音(음:소리)을 쓰세요. (34~51)

예	字 → 글자 자

34 空 [   ]   35 家 [   ]   36 休 [   ]

37 夫 [   ]   38 秋 [   ]   39 洞 [   ]

40 午 [   ]   41 冬 [   ]   42 世 [   ]

43 育 [   ]   44 工 [   ]   45 語 [   ]

46 春 [   ]   47 夕 [   ]   48 話 [   ]

49 夏 [   ]   50 面 [   ]   51 記 [   ]

3. 다음 漢字어(한자어)의 뜻을 쓰세요.(52~53)

52 平安 [   ]

53 孝道 [   ]

4. 다음 訓(훈:뜻)과 音(음:소리)에 맞는 漢字(한자)를 〈예〉에서 골라 그 번호를 쓰세요.(54~63)

예	① 足 ② 名 ③ 有 ④ 命 ⑤ 全 ⑥ 立 ⑦ 口 ⑧ 車 ⑨ 不 ⑩ 姓

54 수레 거·차 [   ]   55 있을 유 [   ]   56 성 성 [   ]

57 입 구   [   ]   58 이름 명 [   ]   59 발 족 [   ]

60 아닐 불·부 [   ]   61 온전 전 [   ]   62 목숨 명 [   ]

63 설 립   [   ]

5. 다음 漢字(한자)의 반대 또는 상대 되는 漢字(한자)를 〈예〉에서 골라 그 번호를 쓰세요.(64~66)

예	① 門 ② 問 ③ 右 ④ 外 ⑤ 全 ⑥ 前

64 [   ] ↔ 後   65 左 ↔ [   ]   66 [   ] ↔ 答

6. 다음 밑줄 친 단어의 漢字語(한자어)를 골라 그 번호를 쓰세요.(67~68)

예	① 歌同 ② 歌手 ③ 正直 ④ 正色

67 은영이는 노래를 잘 불러 <u>가수</u>가 되는 것이 꿈이다. [   ]

68 우리 집은 <u>정직</u>을 가훈으로 삼고 있다.   [   ]

7. 다음 물음에 답하세요.(69~70)

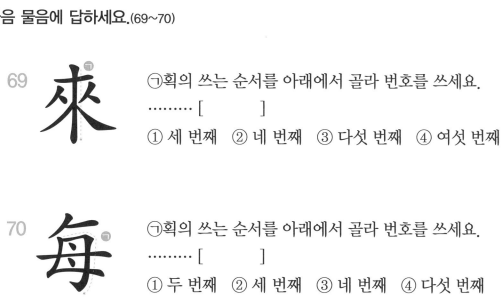

69 ㉠획의 쓰는 순서를 아래에서 골라 번호를 쓰세요.
········ [   ]
① 세 번째 ② 네 번째 ③ 다섯 번째 ④ 여섯 번째

70 ㉠획의 쓰는 순서를 아래에서 골라 번호를 쓰세요.
········ [   ]
① 두 번째 ② 세 번째 ③ 네 번째 ④ 다섯 번째

[제2회] 한자능력검정시험 7급 예상 문제

1. 다음 글을 읽고 漢字(한자)의 讀音(독음)을 쓰세요.(1~33)

예	漢字 → 한자

1 洞里 [   ]   2 秋夕 [   ]   3 正午 [   ]

4 來世 [   ]   5 育林 [   ]   6 工場 [   ]

7 電話 [   ]   8 面長 [   ]   9 日記 [   ]

10 姓名 [   ]   11 左右 [   ]   12 前後 [   ]

13 江村 [   ]   14 邑內 [   ]   15 植物 [   ]

16 農家 [   ]   17 主食 [   ]   18 事力 [   ]

19 問答 [   ]   20 天空 [   ]   21 自動 [   ]

22 旗手 [   ]   23 夫子 [   ]   24 文字 [   ]

25 春夏 [   ]   26 時間 [   ]   27 口足 [   ]

28 有名 [   ]   29 男便 [   ]   30 方正 [   ]

31 氣色 [   ]   32 同數 [   ]   33 千百 [   ]

2. 다음 漢字(한자)의 訓(훈:뜻)과 音(음:소리)을 쓰세요.(34~51)

예	字 → 글자 자

34 不 [   ]   35 命 [   ]   36 住 [   ]

37 所 [   ]   38 歌 [   ]   39 川 [   ]

40 全 [   ]   41 立 [   ]   42 直 [   ]

43 海 [   ]   44 車 [   ]   45 然 [   ]

46 地 [   ]   47 算 [   ]   48 登 [   ]

49 出 [   ]   50 孝 [   ]   51 紙 [   ]

3. 다음 漢字語(한자어)의 뜻을 쓰세요.(52~53)

52 祖上 [   ]

53 花草 [   ]

4. 다음 訓(훈:뜻)과 音(음:소리)에 맞는 漢字(한자)를 〈예〉에서 골라 그 번호를 쓰세요.(54~63)

예	① 每 ② 市 ③ 重 ④ 休 ⑤ 心 ⑥ 少 ⑦ 冬 ⑧ 活 ⑨ 語 ⑩ 漢

54 마음 심   [   ]   55 저자 시 [   ]   56 쉴 휴   [   ]

57 무거울 중 [   ]   58 겨울 동 [   ]   59 매양 매 [   ]

60 살 활   [   ]   61 적을 소 [   ]   62 말씀 어 [   ]

63 한수/한나라 한 [   ]

5. 다음 漢字(한자)의 반대 또는 상대 되는 漢字(한자)를 〈예〉에서 골라 그 번호를 쓰세요.(64~66)

예	① 小 ② 山 ③ 下 ④ 少 ⑤ 外 ⑥ 出 ⑦ 口

64 [   ] ↔ 入   65 登 ↔ [   ]   66 老 ↔ [   ]

6. 다음 밑줄 친 단어의 漢字語(한자어)를 골라 그 번호를 쓰세요.(67~68)

예	① 孝子 ② 孝道 ③ 便所 ④ 便紙

67 우리는 부모님께 효도하고 어른을 공경해야 한다. [   ]

68 민수는 시골에 계신 할머니께 편지를 자주 쓴다. [   ]

7. 다음 물음에 답하세요.(69~70)

69  ㉠획의 쓰는 순서를 아래에서 골라 번호를 쓰세요.
········· [   ]
① 두 번째 ② 세 번째 ③ 네 번째 ④ 다섯 번째

70  ㉠획의 쓰는 순서를 아래에서 골라 번호를 쓰세요.
········· [   ]
① 세 번째 ② 네 번째 ③ 다섯 번째 ④ 여섯 번째

[제1회] 한자능력검정시험 7급 실전 문제

1. 다음 글을 읽고 漢字語(한자어)의 讀音(독음)을 쓰세요.(1~32)

예	漢字 → 한자

1 家事 [   ] 2 安全 [   ] 3 祖國 [   ]

4 孝道 [   ] 5 世上 [   ] 6 老母 [   ]

7 有名 [   ] 8 姓名 [   ] 9 食口 [   ]

10 不足 [   ] 11 文明 [   ] 12 全國 [   ]

13 命中 [   ] 14 邑民 [   ] 15 里長 [   ]

16 時間 [   ] 17 前方 [   ] 18 場外 [   ]

19 出世 [   ] 20 登記 [   ] 21 車道 [   ]

22 旗手 [   ] 23 手記 [   ] 24 力道 [   ]

25 主人 [   ] 26 下校 [   ] 27 入場 [   ]

28 後世 [   ] 29 村民 [   ] 30 洞里 [   ]

31 方正 [   ] 32 百姓 [   ]

2. 다음 漢字(한자)의 訓(훈:뜻)과 音(음:소리)을 쓰세요.(33~51)

예	字 → 글자 자

33 安 [   ] 34 祖 [   ] 35 道 [   ]

36 少 [   ] 37 夫 [   ] 38 姓 [   ]

39 食 [   ] 40 全 [   ] 41 命 [   ]

42 邑 [   ]   43 村 [   ]   44 間 [   ]

45 後 [   ]   46 主 [   ]   47 旗 [   ]

48 歌 [   ]   49 左 [   ]   50 所 [   ]

51 面 [   ]

3. 다음 漢字語(한자어)의 뜻을 쓰세요.(52~53)

52 市場 [   ]

53 孝子 [   ]

4. 다음 訓(훈:뜻)과 音(음:소리)에 맞는 漢字(한자)를 〈예〉에서 골라 그 번호를 쓰세요.(54~63)

예	① 老 ② 足 ③ 平 ④ 時 ⑤ 孝
	⑥ 登 ⑦ 家 ⑧ 洞 ⑨ 男 ⑩ 手

54 때 시   [   ]   55 오를 등 [   ]   56 집 가   [   ]

57 평평할 평 [   ]   58 늙을 로 [   ]   59 사내 남 [   ]

60 효도 효   [   ]   61 발 족   [   ]   62 손 수   [   ]

63 골 동, 밝을 통 [   ]

5. 다음 漢字(한자)의 반대 또는 상대 되는 漢字(한자)를 〈예〉에서 골라 그 번호를 쓰세요.(64~66)

예	① 後 ② 出 ③ 老 ④ 上 ⑤ 內 ⑥ 不

64 外 ↔ [   ]   65 少 ↔ [   ]   66 前 ↔ [   ]

6. 다음 밑줄 친 단어의 漢字語(한자어)**를 골라 그 번호를 쓰세요.**(67~68)

예	① 安全　② 安心　③ 入學　④ 立身

67 이제는 <u>안심</u>하고 편히 주무십시오.　　　　　　[　　　]

68 내 동생은 지난 3월 초등학교에 <u>입학</u>을 하였습니다.　[　　　]

7. 다음 물음에 답하세요.(69~70)

69 老

㉠획의 쓰는 순서를 아래에서 골라 번호를 쓰세요.
……… [　　　]
① 세 번째　② 네 번째　③ 다섯 번째　④ 여섯 번째

70 里

㉠획의 쓰는 순서를 아래에서 골라 번호를 쓰세요.
……… [　　　]
① 세 번째　② 네 번째　③ 다섯 번째　④ 여섯 번째

[제2회] 한자능력검정시험 7급 실전 문제

1. 다음 글을 읽고 漢字(한자)의 讀音(독음)을 쓰세요.(1~32)

예	漢字 → 한자

1 便安 [ ]	2 韓紙 [ ]	3 活動 [ ]
4 字數 [ ]	5 算出 [ ]	6 百方 [ ]
7 問安 [ ]	8 電車 [ ]	9 氣力 [ ]
10 正答 [ ]	11 國花 [ ]	12 草家 [ ]
13 同門 [ ]	14 色紙 [ ]	15 語學 [ ]
16 記事 [ ]	17 每日 [ ]	18 然後 [ ]
19 春秋 [ ]	20 立冬 [ ]	21 天命 [ ]
22 地方 [ ]	23 海軍 [ ]	24 空間 [ ]
25 江南 [ ]	26 動力 [ ]	27 來日 [ ]
28 農事 [ ]	29 午前 [ ]	30 漢江 [ ]
31 休校 [ ]	32 數學 [ ]	

2. 다음 漢字(한자)의 訓(훈:뜻)과 音(음:소리)을 쓰세요.(33~51)

예	字 → 글자 자

33 便 [ ]	34 活 [ ]	35 算 [ ]
36 問 [ ]	37 電 [ ]	38 直 [ ]
39 花 [ ]	40 同 [ ]	41 語 [ ]

42 記 [   ]   43 育 [   ]   44 春 [   ]

45 秋 [   ]   46 天 [   ]   47 海 [   ]

48 動 [   ]   49 植 [   ]   50 農 [   ]

51 來 [   ]

3. 다음 漢字語(한자어)의 뜻을 쓰세요.(52~53)

52 植木 [   ]

53 便紙 [   ]

4. 다음 訓(훈:뜻)과 音(음:소리)에 맞는 漢字(한자)를 〈예〉에서 골라 그 번호를 쓰세요.(54~63)

| 예 | ① 話　　② 色　　③ 答　　④ 重　　⑤ 紙
⑥ 數　　⑦ 然　　⑧ 每　　⑨ 氣　　⑩ 草 | | | | |

54 종이 지 [   ]   55 셈 수   [   ]   56 대답 답 [   ]

57 기운 기 [   ]   58 풀 초   [   ]   59 빛 색 [   ]

60 말씀 화 [   ]   61 무거울 중 [   ]   62 매양 매 [   ]

63 그럴 연 [   ]

5. 다음 漢字(한자)의 상대 또는 반대되는 한자(한자)를 〈예〉에서 골라 그 번호를 쓰세요.(64~66)

| 예 | ① 答　　② 自　　③ 空　　④ 育　　⑤ 地　　⑥ 中 |

64 海 ↔ [   ]   65 問 ↔ [   ]   66 天 ↔ [   ]

6. 다음 밑줄 친 단어의 漢字語(한자어)를 골라 그 번호를 쓰세요. (67~68)

예　　　　① 江山　　② 正直　　③ 政治　　④ 山川

67 우리 학교의 교훈은 정직이다. [　　　　]

68 춘하추동으로 변화하는 우리나라의 산천은 아름답다.　[　　　　]

7. 다음 물음에 답하세요. (69~70)

69 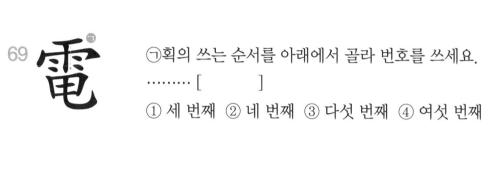 ㉠획의 쓰는 순서를 아래에서 골라 번호를 쓰세요.
　　…… [　　　　]
　　① 세 번째　② 네 번째　③ 다섯 번째　④ 여섯 번째

70 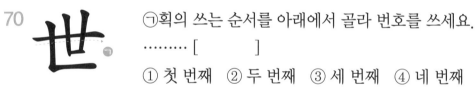 ㉠획의 쓰는 순서를 아래에서 골라 번호를 쓰세요.
　　…… [　　　　]
　　① 첫 번째　② 두 번째　③ 세 번째　④ 네 번째

[제3회] 한자능력검정시험 7급 실전 문제

1. 다음 글을 읽고 漢字語(한자어)의 讀音(독음)을 쓰세요.(1~32)

예	漢字 → 한자

1 食事 [   ]   2 孝道 [   ]   3 祖上 [   ]

4 平安 [   ]   5 姓名 [   ]   6 男子 [   ]

7 家內 [   ]   8 時間 [   ]   9 場所 [   ]

10 旗手 [   ]   11 洞里 [   ]   12 便所 [   ]

13 電話 [   ]   14 活字 [   ]   15 花草 [   ]

16 正直 [   ]   17 算數 [   ]   18 自然 [   ]

19 春夏 [   ]   20 秋冬 [   ]   21 來世 [   ]

22 動物 [   ]   23 植民地 [   ]   24 工事 [   ]

25 歌手 [   ]   26 韓食 [   ]   27 大門 [   ]

28 記重 [   ]   29 外出 [   ]   30 育林 [   ]

31 休日 [   ]   32 正午 [   ]

2. 다음 漢字(한자)의 訓(훈:뜻)과 音(음:소리)을 쓰세요.(33~52)

예	字 → 글자 자

33 全 [   ]   34 住 [   ]   35 有 [   ]

36 夫 [   ]   37 足 [   ]   38 命 [   ]

39 不 [   ]   40 邑 [   ]   41 面 [   ]

42 村 [   ]   43 登 [   ]   44 記 [   ]

45 每 [   ]   46 色 [   ]   47 然 [   ]

48 物 [   ]   49 動 [   ]   50 世 [   ]

51 空 [   ]   52 海 [   ]

3. 다음 漢字語(한자어)의 뜻을 쓰세요.(53~54)

53 祖國   [   ]

54 千年萬年 [   ]

4. 다음 訓(훈:뜻)과 音(음:소리)에 맞는 漢字(한자)를 〈예〉에서 골라 그 번호를 쓰세요.(55~64)

| 예 | ① 祖   ② 歌   ③ 氣   ④ 市   ⑤ 車 |
| | ⑥ 場   ⑦ 老   ⑧ 道   ⑨ 主   ⑩ 前 |

55 수레 거·차 [   ]   56 노래 가 [   ]   57 앞 전 [   ]

58 할아비 조 [   ]   59 길 도 [   ]   60 늙을 로 [   ]

61 저자 시 [   ]   62 마당 장 [   ]   63 기운 기 [   ]

64 주인/임금 주 [   ]

5. 다음 漢字(한자)의 반대 또는 상대 되는 漢字(한자)를 〈예〉에서 골라 그 번호를 쓰세요.(65~66)

| 예 | ① 家   ② 外   ③ 少   ④ 父 |

65 內 ↔ [   ]   66 老 ↔ [   ]

6. 다음 밑줄 친 단어의 漢字語(한자어)를 골라 그 번호를 쓰세요.(67~68)

예	① 市間	② 時間	③ 登山	④ 登天

67 학교에서 집에까지 걸어서 한 <u>시간</u>이나 걸립니다.   [   ]

68 <u>등산</u>은 건강에 매우 좋습니다.   [   ]

7. 다음 漢字(한자)의 ㉠획은 몇 번째 쓰는지 〈예〉에서 찾아 그 번호를 쓰세요.(화살표
는 ㉠획의 위치와 더불어 획을 쓰는 방향을 나타냅니다.)(69~70)

예	① 두 번째	② 세 번째	③ 네 번째
	④ 다섯 번째	⑤ 여섯 번째	⑥ 일곱 번째

69 東   [   ]

70 手   [   ]

[제1회] 한자능력검정시험 7급 예상 문제 - 답안지

■ 사단법인 한국어문회 · 한국한자능력검정회　　　※8급 과정을 마친 후 예상 문제 답을 이곳에 쓰세요.　　**7 0 1** ■

수험번호 □□□ - □□ - □□□□　　　　　　　　　　성명 □□□□□

주민등록번호 □□□□□□ - □□□□□□□ 　※유성 싸인펜, 붉은색 필기구 사용 불가.

※ 답안지는 컴퓨터로 처리되므로 구기거나 더럽히지 마시고, 정답 칸 안에만 쓰십시오. 글씨가 채점란으로 들어오면 오답처리가 됩니다.

제　회 전국한자능력검정시험 7급 답안지(1)　　(시험시간 50분)

번호	정답	1검	2검	번호	정답	1검	2검	번호	정답	1검	2검
	답안란	채점란			답안란	채점란			답안란	채점란	
1				12				23			
2				13				24			
3				14				25			
4				15				26			
5				16				27			
6				17				28			
7				18				29			
8				19				30			
9				20				31			
10				21				32			
11				22				33			

감독위원	채점위원(1)		채점위원(2)		채점위원(3)	
(서명)	(득점)	(서명)	(득점)	(서명)	(득점)	(서명)

※ 답안지는 컴퓨터로 처리되므로 구기거나 더럽히지 마시고, 정답 칸 안에만 쓰십시오.
글씨가 채점란으로 들어오면 오답처리가 됩니다.

제　회 전국한자능력검정시험 7급 답안지(2)

번호	정답	1검	2검	번호	정답	1검	2검	번호	정답	1검	2검
	답안란	채점란			답안란	채점란			답안란	채점란	
34				47				60			
35				48				61			
36				49				62			
37				50				63			
38				51				64			
39				52				65			
40				53				66			
41				54				67			
42				55				68			
43				56				69			
44				57				70			
45				58							
46				59							

[제2회] 한자능력검정시험 7급 예상 문제 – 답안지

수험번호 □□□ - □□ - □□□□   성명 □□□□□

주민등록번호 □□□□□□ - □□□□□□□   ※유성 싸인펜, 붉은색 필기구 사용 불가.

※ 답안지는 컴퓨터로 처리되므로 구기거나 더럽히지 마시고, 정답 칸 안에만 쓰십시오. 글씨가 채점란으로 들어오면 오답처리가 됩니다.

제　회 전국한자능력검정시험 7급 답안지(1)　(시험시간 50분)

번호	정답	1검	2검	번호	정답	1검	2검	번호	정답	1검	2검
	답안란	채점란			답안란	채점란			답안란	채점란	
1				12				23			
2				13				24			
3				14				25			
4				15				26			
5				16				27			
6				17				28			
7				18				29			
8				19				30			
9				20				31			
10				21				32			
11				22				33			

감독위원	채점위원(1)		채점위원(2)		채점위원(3)	
(서명)	(득점)	(서명)	(득점)	(서명)	(득점)	(서명)

※ 답안지는 컴퓨터로 처리되므로 구기거나 더럽히지 마시고, 정답 칸 안에만 쓰십시오.
글씨가 채점란으로 들어오면 오답처리가 됩니다.

제 회 전국한자능력검정시험 7급 답안지(2)

번호	정답	1검	2검	번호	정답	1검	2검	번호	정답	1검	2검
	답안란	채점란			답안란	채점란			답안란	채점란	
34				47				60			
35				48				61			
36				49				62			
37				50				63			
38				51				64			
39				52				65			
40				53				66			
41				54				67			
42				55				68			
43				56				69			
44				57				70			
45				58							
46				59							

[제1회] 한자능력검정시험 7급 실전 문제 – 답안지

■ 사단법인 한국어문회 · 한국한자능력검정회　　※8급 과정을 마친 후 실전 문제 답을 이곳에 쓰세요.　　７０１■

수험번호 □□□ – □□ – □□□□　　　　　성명 □□□□□

주민등록번호 □□□□□□ – □□□□□□□　※유성 싸인펜, 붉은색 필기구 사용 불가.

※ 답안지는 컴퓨터로 처리되므로 구기거나 더럽히지 마시고, 정답 칸 안에만 쓰십시오. 글씨가 채점란으로 들어오면 오답처리가 됩니다.

제　회 전국한자능력검정시험 7급 답안지(1)　　(시험시간 50분)

번호	답안란 정답	1검	2검	번호	답안란 정답	1검	2검	번호	답안란 정답	1검	2검
1				12				23			
2				13				24			
3				14				25			
4				15				26			
5				16				27			
6				17				28			
7				18				29			
8				19				30			
9				20				31			
10				21				32			
11				22				33			

감독위원	채점위원(1)		채점위원(2)		채점위원(3)	
(서명)	(득점)	(서명)	(득점)	(서명)	(득점)	(서명)

※ 답안지는 컴퓨터로 처리되므로 구기거나 더럽히지 마시고, 정답 칸 안에만 쓰십시오.
글씨가 채점란으로 들어오면 오답처리가 됩니다.

제　회 전국한자능력검정시험 7급 답안지(2)

번호	정답	1검	2검	번호	정답	1검	2검	번호	정답	1검	2검
34				47				60			
35				48				61			
36				49				62			
37				50				63			
38				51				64			
39				52				65			
40				53				66			
41				54				67			
42				55				68			
43				56				69			
44				57				70			
45				58							
46				59							

■ 사단법인 한국어문회 · 한국한자능력검정회　　※8급 과정을 마친 후 실전 문제 답을 이곳에 쓰세요.　　7 0 1 ■

수험번호 □□□ - □□ - □□□□　　　　　　　　성명 □□□□□

주민등록번호 □□□□□□ - □□□□□□□　　※유성 싸인펜, 붉은색 필기구 사용 불가.

※ 답안지는 컴퓨터로 처리되므로 구기거나 더럽히지 마시고, 정답 칸 안에만 쓰십시오. 글씨가 채점란으로 들어오면 오답처리가 됩니다.

제　회 전국한자능력검정시험 7급 답안지(1)　　(시험시간 50분)

번호	정답	1검	2검	번호	정답	1검	2검	번호	정답	1검	2검
1				12				23			
2				13				24			
3				14				25			
4				15				26			
5				16				27			
6				17				28			
7				18				29			
8				19				30			
9				20				31			
10				21				32			
11				22				33			

감독위원	채점위원(1)		채점위원(2)		채점위원(3)	
(서명)	(득점)	(서명)	(득점)	(서명)	(득점)	(서명)

※ 답안지는 컴퓨터로 처리되므로 구기거나 더럽히지 마시고, 정답 칸 안에만 쓰십시오.
글씨가 채점란으로 들어오면 오답처리가 됩니다.

제　회　전국한자능력검정시험 7급 답안지(2)

번호	정답	1검	2검	번호	정답	1검	2검	번호	정답	1검	2검
	답안란	채점란			답안란	채점란			답안란	채점란	
34				47				60			
35				48				61			
36				49				62			
37				50				63			
38				51				64			
39				52				65			
40				53				66			
41				54				67			
42				55				68			
43				56				69			
44				57				70			
45				58							
46				59							

[제3회] 한자능력검정시험 7급 실전 문제 - 답안지

■ 사단법인 한국어문회 · 한국한자능력검정회　　※8급 과정을 마친 후 실전 문제 답을 이곳에 쓰세요.　　7 0 1 ■

수험번호 □□□ - □□ - □□□□　　　　　　성명 □□□□□

주민등록번호 □□□□□□ - □□□□□□□　　※유성 싸인펜, 붉은색 필기구 사용 불가.

※ 답안지는 컴퓨터로 처리되므로 구기거나 더럽히지 마시고, 정답 칸 안에만 쓰십시오. 글씨가 채점란으로 들어오면 오답처리가 됩니다.

제　회 전국한자능력검정시험 7급 답안지(1)　　(시험시간 50분)

번호	답안란 정답	채점란 1검	2검	번호	답안란 정답	채점란 1검	2검	번호	답안란 정답	채점란 1검	2검
1				12				23			
2				13				24			
3				14				25			
4				15				26			
5				16				27			
6				17				28			
7				18				29			
8				19				30			
9				20				31			
10				21				32			
11				22				33			

감독위원	채점위원(1)		채점위원(2)		채점위원(3)	
(서명)	(득점)	(서명)	(득점)	(서명)	(득점)	(서명)

제　회 전국한자능력검정시험 7급 답안지(2)

번호	답안란 정답	채점란 1검	2검	번호	답안란 정답	채점란 1검	2검	번호	답안란 정답	채점란 1검	2검
34				47				60			
35				48				61			
36				49				62			
37				50				63			
38				51				64			
39				52				65			
40				53				66			
41				54				67			
42				55				68			
43				56				69			
44				57				70			
45				58							
46				59							

[제1회] 한자능력검정시험 7급 예상 문제 정답

1 조상 **2** 사방 **3** 촌장 **4** 하산 **5** 문학 **6** 등교 **7** 내외 **8** 중심 **9** 해녀 **10** 동물 **11** 농토 **12** 주력 **13** 노소 **14** 주민 **15** 국기 **16** 편지 **17** 시읍 **18** 출입 **19** 화초 **20** 중대 **21** 산수 **22** 남자 **23** 강천 **24** 백천 **25** 활자 **26** 시간 **27** 이장 **28** 식사 **29** 장소 **30** 산림 **31** 자연 **32** 천지 **33** 전기 **34** 빌 공 **35** 집 가 **36** 쉴 휴 **37** 지아비 부 **38** 가을 추 **39** 골 동, 밝을 통 **40** 낮 오 **41** 겨울 동 **42** 인간 세 **43** 기를 육 **44** 장인 공 **45** 말씀 어 **46** 봄 춘 **47** 저녁 석 **48** 말씀 화 **49** 여름 하 **50** 낮 면 **51** 기록할 기 **52** 마음에 걱정이 없거나 아무 탈없이 평화로움. **53** 부모를 잘 모시는 일. 또는 그 도리. **54** ⑧ **55** ③ **56** ⑩ **57** ⑦ **58** ② **59** ① **60** ⑨ **61** ⑤ **62** ④ **63** ⑥ **64** ⑥ **65** ③ **66** ② **67** ② **68** ③ **69** ④ **70** ③

[제2회] 한자능력검정시험 7급 예상 문제 정답

1 동리 **2** 추석 **3** 정오 **4** 내세 **5** 육림 **6** 공장 **7** 전화 **8** 면장 **9** 일기 **10** 성명 **11** 좌우 **12** 전후 **13** 강촌 **14** 읍내 **15** 식물 **16** 농가 **17** 주식 **18** 사력 **19** 문답 **20** 천공 **21** 자동 **22** 기수 **23** 부자 **24** 문자 **25** 춘하 **26** 시간 **27** 구족 **28** 유명 **29** 남편 **30** 방정 **31** 기색 **32** 동수 **33** 천백 **34** 아닐 불·부 **35** 목숨 명 **36** 살 주 **37** 바 소 **38** 노래 가 **39** 내 천 **40** 온전 전 **41** 설 립 **42** 곧을 직 **43** 바다 해 **44** 수레 거·차 **45** 그럴 연 **46** 따(땅) 지 **47** 셈 산 **48** 오를 등 **49** 날 출 **50** 효도 효 **51** 종이 지 **52** 대대로 한 핏줄을 이어오는, 할아버지 이전의 어른. **53** 꽃과 풀. 꽃이 피는 풀. **54** ⑤ **55** ② **56** ④ **57** ③ **58** ⑦ **59** ① **60** ⑧ **61** ⑥ **62** ⑨ **63** ⑩ **64** ⑥ **65** ③ **66** ④ **67** ② **68** ④ **69** ③ **70** ③

[제1회] 한자능력검정시험 7급 실전 문제 정답

1 가사 **2** 안전 **3** 조국 **4** 효도 **5** 세상 **6** 노모 **7** 유명 **8** 성명 **9** 식구 **10** 부족 **11** 문명 **12** 전국 **13** 명중 **14** 읍민 **15** 이장 **16** 시간 **17** 전방 **18** 장외 **19** 출세 **20** 등기 **21** 차도 **22** 기수 **23** 수기 **24** 역도 **25** 주인 **26** 하교 **27** 입장 **28** 후세 **29** 촌민 **30** 동리 **31** 방정 **32** 백성 **33** 편안 안 **34** 할아비 조 **35** 길 도 **36** 적을 소 **37** 지아비 부 **38** 성 성 **39** 밥/먹을 식 **40** 온전 전 **41** 목숨 명 **42** 고을 읍 **43** 마을 촌 **44** 사이 간 **45** 뒤 후 **46** 주인/임금 주 **47** 기 기 **48** 노래 가 **49** 왼 좌 **50** 바 소 **51** 낮 면 **52** 여러 가지 물건을 모아 사고파는 곳. 저자. **53** 부모를 잘 섬기는 아들. **54** ④ **55** ⑥ **56** ⑦ **57** ③ **58** ① **59** ⑨ **60** ⑤ **61** ② **62** ⑩ **63** ⑧ **64** ⑤ **65** ③ **66** ① **67** ② **68** ③ **69** ② **70** ①

1 편안 **2** 한지 **3** 활동 **4** 자수 **5** 산출 **6** 백방 **7** 문안 **8** 전차 **9** 기력 **10** 정답
11 국화 **12** 초가 **13** 동문 **14** 색지 **15** 어학 **16** 기사 **17** 매일 **18** 연후 **19** 춘추
20 입동 **21** 천명 **22** 지방 **23** 해군 **24** 공간 **25** 강남 **26** 동력 **27** 내일 **28** 농사
29 오전 **30** 한강 **31** 휴교 **32** 수학 **33** 편할 편, 똥오줌 변 **34** 살 활 **35** 셈 산
36 물을 문 **37** 번개 전 **38** 곧을 직 **39** 꽃 화 **40** 한가지 동 **41** 말씀 어 **42** 기록
할 기 **43** 기를 육 **44** 봄 춘 **45** 가을 추 **46** 하늘 천 **47** 바다 해 **48** 움직일 동
49 심을 식 **50** 농사 농 **51** 올 래 **52** 나무를 심음. 또는 심은 나무. **53** 소식이나
용건을 적어 보내는 글. **54** ⑤ **55** ⑥ **56** ③ **57** ⑨ **58** ⑩ **59** ② **60** ① **61** ④
62 ⑧ **63** ⑦ **64** ③ **65** ① **66** ⑤ **67** ② **68** ④ **69** ② **70** ①

1 식사 **2** 효도 **3** 조상 **4** 평안 **5** 성명 **6** 남자 **7** 가내 **8** 시간 **9** 장소 **10** 기수
11 동리 **12** 변소 **13** 전화 **14** 활자 **15** 화초 **16** 정직 **17** 산수 **18** 자연 **19** 춘하
20 추동 **21** 내세 **22** 동물 **23** 식민지 **24** 공사 **25** 가수 **26** 한식 **27** 대문 **28** 기
중 **29** 외출 **30** 육림 **31** 휴일 **32** 정오 **33** 온전 전 **34** 살 주 **35** 있을 유 **36** 지
아비 부 **37** 발 족 **38** 목숨 명 **39** 아닐 불·부 **40** 고을 읍 **41** 낮 면 **42** 마을 촌
43 오를 등 **44** 기록할 기 **45** 매양 매 **46** 빛 색 **47** 그럴 연 **48** 물건 물 **49** 움직
일 동 **50** 인간 세 **51** 빌 공 **52** 바다 해 **53** 조상 때부터 살아온 나라. 자기가 태어
난 나라. **54** 아주 오랜 세월. **55** ⑤ **56** ② **57** ⑩ **58** ① **59** ⑧ **60** ⑦ **61** ④
62 ⑥ **63** ③ **64** ⑨ **65** ② **66** ③ **67** ② **68** ③ **69** ⑤ **70** ②